高考热点作家

深度还原考场真题，感受语文阅读题的魅力
一书在手，阅读写作都不愁

西魏的微笑

薛林荣／著

 中国出版集团有限公司

 世界图书出版公司
上海　西安　北京　广州

图书在版编目（CIP）数据

西魏的微笑 / 薛林荣著 . — 上海：上海世界图书
出版公司 , 2024.4
（高考热点作家 / 李继勇主编）
ISBN 978-7-5232-1028-4

Ⅰ . ①西… Ⅱ . ①薛… Ⅲ . ①阅读课—中学—教学参
考资料 Ⅳ . ① G634.333

中国国家版本馆 CIP 数据核字（2024）第 035921 号

书　　　名	西魏的微笑
	Xiwei de Weixiao
著　　　者	薛林荣
责任编辑	吴柯茜
出版发行	上海世界图书出版公司
地　　　址	上海市广中路 88 号 9-10 楼
邮　　　编	200083
网　　　址	http://www.wpcsh.com
经　　　销	新华书店
印　　　刷	天津市天玺印务有限公司
开　　　本	700mm×1000mm　1/16
印　　　张	14
字　　　数	174 千字
版　　　次	2024 年 4 月第 1 版　　2024 年 4 月第 1 次印刷
书　　　号	ISBN 978-7-5232-1028-4/G · 833
定　　　价	39.80 元

前　言

随着语文考试内容的改革，阅读的重要性逐渐凸显出来。近年来阅读题的比重在高考考试中不断加大，阅读内容也越来越丰富，天文、地理、历史、科技等均有涉及；同时，体裁呈现多样化，涵盖散文、戏剧、小说、新闻等。文章涵盖面越来越广，意味着对学生阅读能力的要求越来越高。所以我们应该清晰地认识到，阅读能力的高低直接影响分数，如果阅读能力不过关，那么考试成绩肯定不会理想。

"读不懂的文章，做不完的题"一直是中学生面临的难点和困境。这就要求学生不能停留在过去的刷刷考卷、做做练习题，或是阅读一两本课外书的阶段，而是要最大限度地提升阅读能力，理解文章作者和出题人的意图，只有让学生进行大量有针对性的阅读，才是最切实有效的方法。

语文知识体系的构建和语文素质的养成，既需要重视课堂学习，又需要重视课外积累。那课外积累应该怎么做呢？高质量的课外阅读是非常有效的，这已经成为提升学生"综合竞争力"的有效手段。因此，我们策划出版了"高考热点作家"课外阅读丛书，为广大中学生提供优质的课外读物。

这套系列丛书共8册，每册收录一位作者的作品，选取了该作者入选省级以上高考语文试卷、模拟卷阅读题的经典作品，以及该作者未入选但适合中学生阅读的作品，帮助学生扩大阅读面，对标高考。书中对每篇文章进行了赏析、点评和设题，能够助力学生阅读，有利于提升学生的文学素养、答题能力和答题速度。

本系列丛书收集了在国内高考语文试卷阅读题中经常出现的 8 位"热点作家"高亚平、乔忠延、王剑冰、王必胜、薛林荣、杨献平、杨海蒂、朱鸿的优秀作品。这些"热点作家"入选高考语文试卷阅读题的作品多以散文为主，他们的作品风格多样，内容丰富，但都具有很高的文学价值和浓郁的时代气息。这些作品不仅对中学生阅读鉴赏能力和写作水平的提升有促进作用，还对中学生的生活和学习具有启迪和指导意义，我们相信这套丛书会受到广大师生的喜爱和欢迎。

　　新高考背景下的语文学习，阅读要放在首要位置。事实上，今后的高考所有学科都会体现对语文水平的考查。不仅是语文试卷增加了阅读题的分量，其他学科也越来越注重对学生阅读理解能力的考查。提升阅读能力是一项任重道远的工作，重在培养兴趣，难在积累，贵在坚持。只要持之以恒，一定会有意想不到的收获。

目录
CONTENTS

第三辑　寻常巷陌

▶**作家带你练**

▶**名师带你读**

第四辑　鲁迅的别样风景

▶**作家带你练**

▶**名师带你读**

第一辑　西魏的微笑

　　佛像的女性化，与其说是一个宗教学话题，不如说是一个民俗学话题。大慈大悲、美丽矜持、和蔼可亲……这些最能打动天下苍生的柔软词汇，更多地与女性联系在一起，佛陀在浩大的看不见的民族审美心理结构的作用下，由男相而女相，从至高无上的神坛走向众生，渗透着世俗化的情感。

【甘肃省天水市一中 2018 年高考语文模拟试卷】

阅读下文，回答问题。（14 分）

西魏的微笑

①麦积山石窟第四十四窟，西魏造像，距今约 1470 年。

②石窟中主佛高约 1.6 米，水涡纹高肉髻，结跏趺坐。举右手，五指前伸，掌向外，作"释迦五印"之一的"无畏印"；左手下垂膝前，作"与愿印"。舒指仰掌间若有甘露流焉。鼻梁高而修直，额头宽广。通肩袈裟自然下垂，衣褶如花朵般盖过双膝，覆于佛座前，比重几乎占到了整座雕塑的一半，质感厚重，线条飘逸，层次分明，具有浓厚的装饰趣味。佛坐姿势极为沉静，衣褶的曲线却动感十足，其雕刻之精妙，光影之分配，开北朝造像之新境。这显然是西魏泥塑的巅峰之作，也是北朝石窟造像中的至尊之作。

特别令人惊叹的是，这尊佛长眉入鬓，眼光下垂，细而长的眼角和微翘的嘴角流露出深情的笑意，慈悲庄严中有着温暖娴静的人间表情，她的微笑使密如蜂房的洞窟瞬间生动起来！

③那么，她的原型是谁？

④是西魏文皇后乙弗氏。

⑤史料载，乙弗氏是河南洛阳人，容貌端庄，仁慈宽厚，是西魏文帝即位后册封的第一位皇后。南北朝时期，东魏强大，西魏弱小。后者存世仅22年，政权事实上掌握在权臣宇文泰的手里。作为弱国傀儡皇帝的皇后，乙弗氏显然是弱势群体，悲剧命运是必然的。彼时，东魏、西魏均对北方强敌柔然国采取和亲的乞求政策，先是东魏将公主嫁给柔然，西魏见状，慌忙废掉乙弗皇后，迎娶柔然公主，立为"悼后"。乙弗氏被悼后威逼西走秦州（今甘肃天水），在麦积山削发为尼。但这还远远不能令柔然国的公主心安。当柔然国再次兴师百万进犯西魏时，开出的退兵条件，竟然是要求西魏处死乙弗氏！积贫积弱的西魏连打仗的血性也失去了，魏文帝只好敕令乙弗氏自尽。乙弗氏一人自尽，可以退兵百万。在这种情况下，乙弗氏只能自尽。她选择了"引被自覆而崩"，自己活活蒙死了自己，年31岁。

⑥一代皇后悲壮地退隐在历史的深处，但西魏雕塑史上最精湛的一笔才刚刚入题。以乙弗氏皇后的形象为蓝本，约1470年之

前的麦积山，新落成了一尊佛陀的造像，后人编号第四十四窟，是麦积山唯一的皇家石窟。普遍的说法是，第四十四窟坐佛是乙弗氏之子武都王为纪念母亲所塑。

⑦乙弗氏的儿子武都王应当从首都长安带来了最高水平的工匠，他们从渭河的下游溯流而上，为麦积山石窟发愿造像。这是一次技术、精神、思想乃至情感的支援，工匠们秉持先进理念，同时兼顾渭河流域对于"美丽庄严"的审美要求，所造西魏坐佛，比例尺度十分完美，庶几无纤毫遗失，人物的慈悲本性和内在神韵反映得恰到好处。第四十四窟的造像技术远远胜于同类石窟，不难理解，这是由于皇宫的眷顾。

⑧她是渭河流域最雍容华贵的一尊佛。

⑨印度的佛、菩萨造像，都是男性，传入中土后，逐渐趋于女性化。北魏孝文帝迁都洛阳后，所造佛像无不面相圆润、弯眉细目、鼻挺嘴小，女性化特征十分明显。这一趋势在西魏得到了延续。麦积山石窟第四十四窟更是创立了西魏"美丽女佛"的无上典范。

⑩佛像的女性化，与其说是一个宗教学话题，不如说是一个民俗学话题。大慈大悲、美丽矜持、和蔼可亲……这些最能打动天下苍生的柔软词汇，更多地与女性联系在一起，佛陀在浩大的看不见的民族审美心理结构的作用下，由男相而女相，从至高无

上的神坛走向众生，渗透着世俗化的情感。于是，工匠们以普通民众喜闻乐见的方式，塑造了庄严而又漂亮的佛陀女相！

⑪初夏的麦积山，雨过天晴，烟树隐隐。20年来，我去过很多次麦积山石窟，但拜谒第四十四窟，生平只有一次殊胜的机缘。美丽端庄、恬淡微笑的西魏坐佛，有着脱俗的仪容和正大的仪表，庄严如法，安详自在。我感到那股笑意从佛陀的曲眉丰颊间荡漾开来，由佛而人，由人而山，由山而树。

（有删改）

1. 下列对文章相关内容和艺术特色的分析鉴赏，不正确的一项是（　　）（3分）

A. 文章第二自然段写第四十四窟主佛像，先描写它的高度、手形、坐姿、装束等基本特征，再写它的微笑，形神兼备。

B. 第五自然段交代这尊微笑佛像的原型是西魏文皇后乙弗氏，她被废掉后来到秦州，但仍难逃厄运，最后被逼自尽。

C. 文中讲述印度的佛、菩萨造像都是男性化，是为了突出佛教中国化后，无论是佛像女性化还是女性的地位在北方民族都普遍得以体现。

D. 文章写法灵活，开头描写精雕细刻，以微笑为线，贯穿起历史和现实，记叙、议论、描写、抒情交替运用。

2. 结合文本，赏析文中画线句子。（5分）

_____

_____

_____

3. 结合文本，探究标题中的"微笑"包含哪些丰富意蕴。（6分）

_____

_____

_____

_____

发现麦积山石窟

名师导读

　　本文共分为四小节。第一小节总写麦积山石窟的状况，第二、三、四小节分写不同的人对麦积山石窟的发现作用。文章条理分明，具有很强的可读性。作者在文章末尾发问，引发人思考麦积山将来的命运。让我们一起来看一下作者笔下的麦积山石窟吧！

一

　　甘肃是一个宏大壮观的石窟走廊，最西边有敦煌莫高窟，最东边有天水麦积山石窟，两窟之间东

① 把分布的"洞窟"比作佛教东渐的一串串脚印，生动形象地写出了洞窟之多，写出了洞窟的遗存体现出佛教传播的历史轨迹。

② 运用对比、比喻的修辞，把麦积山石窟和莫高窟相比较，突出说明麦积山石窟被掩盖的事实，表达作者对麦积山石窟被掩盖、埋没的惋惜。

❸ "拜谒""吟咏""题刻""归隐"四个动词写出龙凤之俦对麦积山这一片石窟的欣赏，同时也写出麦积山石窟当时引人驻足的盛况。

西 1500 余公里的大地上，^① 洞窟七步生莲，星罗棋布，犹如佛教东渐留下的一串串脚印。

^② 莫高窟太著名，麦积山石窟望尘莫及，后者始终像前者越过河西走廊投射在秦岭西麓的巨大背影。加之梁思成先生没有到过麦积山石窟，他在《中国雕塑史》中列举的材料，也仅限于敦煌、云岗、龙门诸石窟。于是，麦积山石窟在近现代文化史上籍籍无名。

麦积山石窟的开凿稍晚于敦煌石窟，始于十六国时期的后秦（384—417 年）。那是一个凿壁为龛、请佛入龛、举国崇信佛教的时代。皇帝姚兴的弟弟姚嵩任秦州（今甘肃天水）刺史时，在麦积山亲营像事，赡奉踊跃。稍后，妙通禅法的名僧玄高隐居麦积山，山学百余人，崇其义训，禀其禅道，麦积山佛事活动呈一时之盛。

一佛出世，千佛扶持。^③ 南北朝以降，7000 余尊雕塑在麦积山次第开放，分布在 194 个洞窟中，吸引众多龙凤之俦前去拜谒，或吟咏，或题刻，甚或归隐，他们的驻足和眷顾使麦积山石窟风雅长存。北周时，"为梁之冠绝，启唐之先鞭"的著名文学家庾信作《秦州天水郡麦积崖佛龛铭并序》，有"如斯尘野，还开说法之堂；犹彼香山，更对安居之佛"句，文采斐然，其韵绕梁。诗圣杜甫流寓陇右时，为麦积山作《山寺》诗一首，"乱水通人过，悬崖置屋牢"之句，通俗恰切。[①] 其时的杜甫，分明就是经过麦积山遗香而走的一只麝！

麦积山石窟很长一段时间处于草堂春睡，无论是庾信还是杜甫，都没有使其扬名立万。莫高窟因斯坦因诸徒一盗成名，天下尽知。麦积山石窟也有被盗的经历——1920年，天水天主教堂意大利传教士盗取麦积山石窟"上七佛阁"壁画。但几块壁画怎能与藏经洞气象万千的敦煌典籍相提并论呢？敦煌于是如陈寅恪先生所言，成为"吾国学术之伤心史"，专门研究藏经洞典籍和敦煌艺术的敦煌学也成为一门显学，而麦积山石窟就连跻身"中国四大石窟"之列也颇费一番周折。

明清以降，麦积山石窟埋没于荒草中籍籍无名。民国初，日本学者大村西崖著《中国美术史·雕塑篇》引庾信《佛龛铭》，国外始知麦积山有佛龛石窟。国内学人知道麦积山石窟则要迟很多年。

❶ 将杜甫比作一只麝，将杜甫为麦积山写诗的行为比作为麦积山"遗香而走"，生动形象地体现了文人墨客用精彩的文字赞美麦积山，却并没有使它名扬天下的情况。

❶ 引出下文学者发现麦积山石窟这一事实，写出它被世人所发现历时之久，写出作者对麦积山石窟相比莫高窟，很久之后才被世人发现的惋惜。

❷ 用部分代指整体，选取身体的五官之一——眼睛，来代指发现麦积山石窟的这个人，呼应前文的"一双慧眼"。

❸ 阐明麦积山石窟久久未被发现的原因，地理环境的偏僻、住宿和安全问题直接影响着世人发现麦积山石窟，同时也写出冯国瑞勘察麦积山石窟时犹豫的原因。

① 麦积山石窟一直在等待发现她的一双慧眼。

发现麦积山石窟，是一部集科考、探险、惊悚、喜剧等元素于一身的纪录片。

二

② 是一双学者的眼睛首先发现了麦积山石窟，他是有"现代陇上文宗"之谓的冯国瑞。时间是1941年。

冯国瑞（1910—1963年）是甘肃天水人氏，早年入清华国学研究院，师从王国维、梁启超等，著述宏富。学成归里时，梁启超致信时任甘肃省省长的薛笃弼予以举荐："此才在今日，求诸中原，亦不可多觏。百年以来，甘凉学者，武威张氏二酉堂之外，殆未或能先也。"武威张氏二酉堂即清代嘉、道之际最为精通经史的西北学者张澍。

冯国瑞归里时，薛笃弼已调任河南省省长，冯国瑞遂将梁启超的手札雪藏，潜心研究地方文献，萌发了勘察麦积山石窟的想法，但一直未成行。③ 因麦积山石窟东去城六十里而遥，其时还是人迹罕至之地，食宿、安全都是问题，冯国瑞是以犹豫。

此时，甘泉镇西枝村有一个人，叫王鼎三，邀请他去。西枝村正是杜甫当年流寓时滞留之地，距麦积山石窟仅二十里，方便晨出暮归。冯国瑞遂于1941年"浴佛节"和三五位朋友同行，晚抵王鼎三"度云亭别墅"。此地花木扶疏，地甚幽敞，亭取杜诗"山云低度墙"意。

冯国瑞次日便进山实地考察。①沿着颖川河向东，入大峡门，过贾家河，于乱石间闪跳腾挪，寻路而行。只见两山松柏丛生，杨柳夹道，村坞相接，水从中流，人行其间，颇有置身桃源之感。跋涉数刻，便看到丛林中的麦积山。这是一座山形酷似农家麦垛的石山，平地突兀而起，南向之壁如刀劈斧削，密如蜂巢的石窟即凿于削壁之上。据说麦积山石窟的开凿是以砍尽南山之柴为代价的。当地民谣云："砍尽南山柴，修起麦积崖。"五代文人笔记亦载，麦积山石窟"自平地积薪，至于岩巅，从上镌凿其龛室佛像。功毕，旋拆薪而下，然后梯空架险而上"，说明了耗费木料之巨。

②终于站在了麦积山石窟的脚下，一抬头，就能看到东崖的三尊大佛，准确地讲，是一佛二菩萨，

❶ 空间描写，叙述冯国瑞进入麦积山石窟的空间历程，"沿""向东""入""过"等词，生动形象地写出冯国瑞实地考察时的地形，以及麦积山石窟的内部环境——桃花源一般的存在。

❷ 运用方位和视角，写一佛二菩萨的高度，处于相对来说低的方位，用仰视视角——"抬头"来观察东崖的三尊大佛，更能体现大佛之高。

石胎泥塑，悬立崖面，观照大千。

佛的目光穿过初夏浓密的树叶，在人间的上空低垂。冯国瑞仰望着头上的三束目光。每一位来到麦积山的人，无论国王还是平民，都须首先这样引颈仰望。这是隋代的大佛，垂下的是隋代的目光，来自1300多年前。大佛的眉间是"白毫相"，宛转右旋，发放光明。南宋绍兴年间，一个叫高振同的甘谷县工匠维修过大佛，并且有意无意地将一个宋代耀州白釉瓷碗遗落在大佛的"白毫相"中。他是麦积山石窟史上最著名的工匠，那只用来调色的瓷碗使他流芳百世。<u>①麦积山的大佛见过无数文人墨客的目光，那些目光无不猎奇观光，匆匆而去。</u>现在，佛的目光和冯国瑞的目光相遇，如同剑胆遇到了琴心，如同兰心遇到了蕙质。麦积山石窟知道，山脚下来了一位"发愿世尊前，誓显北朝窟"的学者。冯国瑞知道，自己期待已久的时刻到来了，此生最重要的一件事，终于可以着手了。

冯国瑞发现了麦积山石窟！②他凭着知识分子对文物特有的尊重与热爱，<u>攀危岩，探幽洞，深入石窟腹地勘察。</u>山中所见让冯国瑞喜极，他观赏造

❶ 佛像好像一个观察者、驻足者，在麦积山观看着前来观赏游玩的文人墨客。同时传达出一种孤独感，文人墨客皆是带着猎奇的目的前来，然后又匆匆离去。

❷ "攀""探"两个动词写出冯国瑞勘探石窟腹地时的动作，对麦积山的发掘是一个很艰辛的过程，"攀"的是危岩，"探"的是幽洞，足见冯国瑞在对麦积山石窟进行勘探时的危险。

像、壁画，分抄诸刻，还应寺僧之请榜书"瑞应寺"三字。这三个字典雅端庄，中正平和，不激不励，现在仍悬在寺门上方。

夜幕很快就降临了，冯国瑞还沉浸在发现麦积山石窟的喜悦和激动中，他想在山中留宿一夜，但荒僻的麦积山石窟不能保证这些书生的安全，原始森林中每晚都会传来使人恐惧的豹啸之声。寺僧好心劝他，还是返回吧。于是，冯国瑞"揖别山灵，仍返别墅。烛跋酒酣，听雨信宿"。

冯国瑞此行，是麦积山石窟开凿 1500 多年来首次由专业知识分子对石窟文物进行的科学考察，具有开创意义。侯后，冯国瑞仅用两个月的时间便编成《麦积山石窟志》，由陇南丛书编印社 1941 年草纸石印 300 册。这是关于麦积山石窟的第一本专著，书成后，一时洛阳纸贵，今日已成珍本。[1] 书中说："西人盛赞希腊巴登农（今译帕特农）之石质建筑物，以为'石类的生命之花'，环视宇内，麦积山石窟确为中国今日之巴登农。"

如果说常书鸿是敦煌莫高窟的守护神，那么冯国瑞便是麦积山石窟的掌灯人。[2] 冯国瑞高擎起一盏

❶ 运用类比的修辞手法，把麦积山石窟类比为东方的帕特农，形象具体地表明了麦积山石窟的石质建筑在东方的地位。这段话引自冯国瑞的《麦积山石窟志》，表明作者对这一说法的认可。

❷ 运用夸张的修辞手法，生动地写出了冯国瑞的出现使麦积山石窟得到了很好的开发，使麦积山石窟为人所知、声名大著。

油灯，使那鸟粪存积、厚可没胫的洞窟如佛光普照的
三千大千世界一样明亮，麦积山石窟因此声名大著。

三

一双画家的眼睛紧接着发现了麦积山石窟，他
是张大千，时间是1943年。

张大千（1899—1983年）是从敦煌赴成都途中，
在天水作短暂停留的。

张大千的敦煌之行毁誉参半，但他的画作却使
世人认识到了敦煌壁画的价值，这是不争的事实，
陈寅恪即称赞张大千临摹的壁画"在吾民族艺术上，
另辟一新境界"。现在，张大千会给麦积山石窟带
来什么呢？

1943年10月，张大千乘两辆大卡车抵达天水时，
穿一件旧灰长衫，方颐长髯，目光炯炯，行动敏捷。
同时牵二藏犬，随从多人，下榻于天水大城阮家街
中国银行公寓，每日与天水文友诗酒唱和，尽欢而
散，为古城秦州带来了曲高调古的雅会之风。

张大千在天水盘桓期间，拜谒麦积山石窟是重
要内容。① 大千诸人先乘马车至甘泉镇，再改乘滑

❶ "先乘""再改乘""循……而行"，不仅写出去麦积山石窟先后所经之地，而且也说明张大千前去拜谒麦积山石窟之路的辗转波折。作者还借用罗家伦的话来证明张大千麦积山之行的波折。

14

竿和骡马，循河谷而行。正所谓"行经千折水，来看六朝山"（罗家伦语）。到了山门，荒草没胫，寺内又无住持接待，询问香客，香客答："和尚回家去了！"大千先生即信口吟道："自古名山皆有寺，未闻和尚也有家。"闻者无不莞尔，并惊叹其敏捷才思。
① 少顷，住持朱普净至，始为盥洗供茶。此时山雨乍来，淅沥潇洒，绵绵不绝。张大千立于寺前遥望烟雨迷蒙中的大佛，似有所思，乃应朱普净之请，在残破的寺庙中展纸泼墨，为绘观音像一尊。

　　这尊观音站像是纸本，淡墨白描，只有寥寥几笔，线条甚至屈指可数，似于三五分钟内一挥而就。但观其用笔，即知画外功夫之深厚。② 作品仿唐人壁画，线条简劲圆浑，转折之处顿挫有力且富节奏感，笔笔有飞动之势。观音蛾眉凤眼，貌娟秀而庄严，俨然唐代曲眉丰颊之风范，而衣纹流畅、简约，是大千人物画中的珍品。落款为"蜀郡清信弟子张大千爰"。这幅观音像现存于麦积山石窟艺术研究所，很少刊印，世人知之者其少，可视作张大千对佛国麦积山的献礼。

　　骤雨方停，大千先生即登山游览。石窟虽然年

❶ "少顷""乍"两个时间词简洁、凝练，写出了住持供茶时，山间的雨突然淅淅沥沥地下了起来，给人一种神秘感。

❷ 细节描写，写出张大千笔势的灵动、遒劲，线条的简劲圆浑，说明其画工之深，表明作者对画家张大千的赞赏。

久失修，栈道残败，但大千兴味盎然，一一登临七佛阁和牛儿堂等洞窟瞻仰。据其时侍陪者回忆，张大千对奇特山形、葱郁嘉木、飞天藻井、诸佛雕塑大为赞赏，乐而忘返，于是掀髯长啸，声震山谷。

① 张大千在敦煌石窟面壁三年，成就了一代画风。他离开时，身后跟着 20 余头骆驼，载着临摹的 276 幅壁画。敦煌石窟成就了张大千。但在麦积山石窟，张大千只是匆匆一过客。与敦煌莫高窟、大同云冈石窟和洛阳龙门石窟不同，麦积山石窟以石胎泥塑见长。张大千是画家，不是雕塑家，且此前已在敦煌石窟吸足了养分，他马上要破茧而出、羽化成蝶了，麦积山石窟自然留不住他。

但麦积山石窟仍然给张大千留下深刻印象，他眼中的麦积山，是一座奇崛、巍峨、禅静的大山，也是一座有着朴素人文情怀的石窟。次年，即 1944 年，张大千作《游麦积山》镜心一幅，赠予大收藏家刘梁年，题识："微霜初欲落，细雨止还濛。一水鹅儿绿，千林柿子红。踏空礼诸佛，拔地起群龙。钟声朝昏静，无人说赞公。天水游麦积山作。甲申闰四月，写似梁年仁兄方家两正。大千张爰。"钤

❶ 运用对比的修辞手法，写敦煌石窟和麦积山石窟分别带给张大千的影响。突出敦煌石窟激发张大千的灵感之多，从而形成的 276 幅壁画。写出麦积山石窟与敦煌、大同、洛阳等石窟的不同。

印有四：张大千、蜀客、人间乞食、大风堂。

五言律诗分明是张大千对麦积山石窟的礼赞。诗中的"赞公"是唐代僧人,大云寺住持,谪在秦州,曾与杜甫相过从。

①以笔者陋识，现代绘画史上，以麦积山石窟入画者多，但风格高蹈者少。张大千发现了麦积山石窟的奇崛，并将其纳入笔端。从布局看，画面先将麦积山和瑞应寺分布宣纸首尾，再以一条杜甫笔下"山园细路高"式的细若游丝的险径将两个单元呼应贯通起来。一峰拔地而起,峭壁千仞,巨石突兀,纵横奇肆的山体占去了画面的三分之二，笔法浑厚洒落,墨线纵逸跳脱,设色清雅妍丽,情感饱满充溢,笔力曲折，无不尽意，绛色山体如在目前。麦积山本是"望之团团"的农家积麦之状，此处得其神似，令人耳目一新。画面下端是松柏掩映的瑞应寺，楼台殿阁较为简陋，山门清冷，如入禅焉。

张大千仅凭印象绘出了大雨初歇后的麦积山石窟，但在其浩瀚的画作中，这幅作品实在并不知名。②画面中一山一庙数树固然已是大师之笔，但没有洞窟，没有塑像，没有佛，也没有游人，清冷如许，

❶ 对比了张大千和其他人画麦积山的风格和水平，既写出了张大千绘画技艺的高超，也突出了他对麦积山的观察比其他人更加细致。

❷ 张大千在作画时，隐去"洞窟""塑像""佛"，暗示着他们没有被发现的命运。

四周只有溪涧之声。这恰如一个隐喻——现代文化史上的麦积山石窟遭受了这样的待遇，无论是僧人、搜尽奇峰的美术家，还是访幽探奇的游人，都总是忽略麦积山石窟。

①处于险径末端的麦积山石窟还在等待另一双眼睛。

① 此处运用借代的修辞手法，"一双眼睛"代指麦积山石窟的开发者、发掘者，指发现麦积山石窟的知音，突出知音对麦积山的"发现"作用。

四

一双木工的眼睛发现了麦积山石窟最美的洞窟，他叫文得权，时间是 1947 年。

自古名山藏猎户，森林深处有木工。文得权（1914—1988 年）家住麦积山北文家村，世代务农，初识字，十多岁时即随祖父学木工，有一手修筑凌空栈道和攀援登高的硬功夫。

文得权虽然生活在麦积山石窟附近，但此前并没有"发现"麦积山石窟。因为，堪称中国石窟一绝的麦积山木栈道已经断绝很久了。

麦积山以木质云梯栈道连接着密如蜂房的窟龛。栈道采用耐腐朽的油松、水楸、漆木、山槐、山榆等硬杂木，以秦汉之法建造而成，自下而上层层突出，最多处达 12 层，称作"十二联架"，成凌空穿云之势，蔚为壮观。① 沿栈道而上，嘎嘎吱吱的声响便在脚下响起，后秦的剽悍雄健、北魏的秀骨清像、北周的珠圆玉润、隋唐的丰满夸张、两宋的写实求真，形色多多，风格种种，便在这响声中一一呈现。

南宋以降，麦积山栈道或毁于兵火，或毁于野火，致使东西两崖断绝，西崖上部最大的洞窟即藏碑洞被自然封闭，三百余年内人迹绝无。② 冯国瑞首次考察麦积山石窟时，很多洞窟没能登临，众多佛陀、菩萨依旧沉睡在悬崖窟龛中。不过，一个后来编号为 133 的洞窟已引起了他的注意。此窟在西崖大佛像东头，俗称藏碑洞或万佛洞，冯国瑞拿望远镜观之，窟口稍深处悬有篆文，两侧有小字，但不能辨视。

冯国瑞第二次勘察麦积山石窟时，找到了麦积山脚下的木匠文得权，请他做先锋，进入藏碑洞。

于是藏碑洞等来了一双木匠的眼睛。

③文得权胳膊下夹一块长木板，攀上最低的一根残桩，将木板铺架残桩之上，逐段递进，凿眼安桩，

① 虚实结合，把抽象的事物与具体的事物相结合，引发读者想象。采用虚写的手法，通过栈道上的声响，拟想各朝各代的种种风格，而栈道上的响声又是真真切切存在的，体现了作者对麦积山历史探寻的兴趣。

② 运用拟人的修辞手法，把佛陀、菩萨拟人化，写佛陀、菩萨在"沉睡"，表明在作者心目中这些古物都是具有生命力的，也表达了作者对麦积山石窟的喜爱。

③ 动作描写，"夹""攀""铺架"等动词写出木工文得权进入藏碑洞前的动作，写出修筑栈道过程的烦琐。

依次而上。至无桩处，则引索攀援，一直将栈道搭到藏碑洞。

1947年2月10日，木工文得权出现在藏碑洞。三百多年来，藏碑洞第一次有人进入，洞窟中的鸽子、蝙蝠、松鼠不由惊慌奔走。文得权的脚下，鸟粪没胫。站在如此之高的绝壁洞窟中，他感到有些恍惚，甚至有些恐惧。借着洞外的亮光，文得权看到这是一个巨大的崖墓式洞窟，复式叠龛，结构极为复杂。迎面立着一尊两人之高的大佛，右手作接引手势，一尊沙弥双手合十站立大佛的右手之下。佛的目光慈爱有力，充满了人间温情。文得权觉得这是佛祖在接见自己的儿子。但是佛祖有儿子吗？这位灰头土脸、手执斧子和墨斗，冒着生命危险进入悬崖洞窟的木工不敢肯定。

他将目光从大佛的脸上移开，草草环视一周，但见洞中有数尊造像、十数通石碑。石壁上有密密麻麻的小佛像，该是大德高僧所说的"一花一净土，一土一如来"吧？这显然是一座宝库！文得权感叹两声，收回自己的目光。山下人还挂念着他的安危，文得权不再逗留，① 槌绳而下，将洞内所见奇迹告

① 槌绳：用绳索拴住人或物，从上往下放。动态描写，写文得权从山上往下下时的动作，表明勘探工作的危险。

诉了冯国瑞，大家高兴得欢呼起来。

木工文得权进入了藏碑洞，这是一个伟大的探险。冯国瑞决定刻碑记事，乃撰述《天水麦积山西窟万佛洞铭并序》，序文有如下记述：①"木工文得权架插七佛龛椽栋称能，乃倩长板，架败栈间，递接而进，至穷处，引索攀援，卒入西窟大佛左之巨洞中，三十六年二月十日也。洞广阔数丈，环洞二十四佛，十八碑，高有五六尺者，多浮雕千佛，隐壁悬塑无数。"

麦积山西窟的雕塑和壁画中留下了众多普通工匠和供养人的姓名，现在，一位木匠的名字又被郑重其事地铭刻到碑文中，这是对麦积山石窟朴素的人文主义情怀的继承和发扬。

文得权在藏碑洞中的感觉不虚。迎门的佛像，正是宋人重修的泥塑，释迦牟尼在接见儿子罗睺罗，塑像充满了人间温情，是少见的佛像题材。②而一尊北魏代表作品小沙弥嘴角带着微笑，虔恭、脱俗、聪慧，令人莞尔，一位向以严肃著称的共和国总理见了这尊造像亦会心而笑。洞中的18块石刻造像碑引人注目，堪称国宝。这些造像碑以佛传故事、说

❶ 列数字，标明开发洞穴的时间，洞中佛、碑的数量，交代麦积山石窟内的具体情况，使读者做到了然于心。

❷ 正面、侧面描写相结合，正面描写出一个令人喜爱的小沙弥的形象，同时通过侧面描写，写严肃的总理见到小沙弥的会心一笑，更加突出这尊小沙弥惹人喜爱。

法图为题材，石质形质、碑身大小、碑块厚薄、雕刻技艺均不同，系不同时代、不同匠人所为，其封藏年代、封存原因已难考其详，但对于研究造像艺术、石窟营造、民族关系、文化交融等都是难得的资料。

甘肃石窟走廊中，西有敦煌莫高窟藏经洞、东有天水麦积山石窟藏碑洞。但世人皆知前者，鲜闻后者。木工文得权堪称麦积山石窟的^①开路先锋，他以过硬的本领修通了栈道，帮助冯国瑞发现了藏碑洞。他是冯国瑞及后来常书鸿等人考察麦积山石窟的另一双眼睛，也是麦积山石窟通往外界的另一双眼睛。冯国瑞对这位木匠褒扬有加，曾送文得权中堂和对联，对联集杜诗而成："洞窟猿升山上下，莲花鱼戏叶西东。"文得权攀登悬崖动作敏捷自如，当享此誉。

发现麦积山石窟的那些眼睛，仰望着凌空的佛陀。而那青云之半、峭壁之间、万龛千室中的佛陀，眼观鼻，鼻观口，口观心，透过树丛，俯视着三千大千世界，如此澄清、洁净而通透。

^②众佛之国啊，还在等待谁的一双眼睛呢？

❶ "开路先锋"具有双重意义，第一层意义指文得权修栈道，为前往麦积山石窟的人修好了路。第二层意义则指文得权为麦积山石窟的开发做出了首要努力。

❷ 以设问结尾，激发读者思考。麦积山石窟，这座众佛之国等待着更多世人的前往。结尾看似在发问，实则答案早已蕴含在文章中。

延伸思考

1. 文中"释迦牟尼在接见儿子罗睺罗"一句有何作用？

_____

_____

2. 标题"发现麦积山石窟"有何作用？

_____

_____

3. "发现麦积山石窟"背后隐藏着一个主体，请你分析这个主体都指的是谁？

_____

_____

向往一所乡村师范

名师导读▷

　　本文写的是一位父亲希望自己儿子可以上师范学校的故事。父母之爱子，则为之计深远。父亲抱着希望，为儿子能够上渭南师范而奔波。尽管最后作者也没能去成渭南师范，但是作者对渭南师范却产生了一种亲切的感情。多年后，恰巧有机会拜访渭南师范，在渭南师范的旧址，作者幻想着当年如果自己到渭南师范上学的场景。

　　18年前的1991年，我14岁，参加了初中升中专的考试。父亲满心希望我能考取一所诸如石油、水电、煤炭、税务、工商这样的中专类学校，哪怕考上距家门最近的一所乡村师范即渭南师范也是不错的选择。若能如愿，则对于减轻全家经济负担有很大的作用，且在可期待的四年之后，我的工资将成为全家稳定的财源。历史上我家还没出过中专以上科班毕业生呢，父亲当然希望我能成为一面旗帜，对二姐和弟弟的学习起到号召作用。

我当时玩疯了，14岁的肩膀显然无力扛住父亲赋予我的宏大使命——中考成绩公布后，我以数分之差落榜，就连分数线最低的渭南师范也在那一刻变得遥不可及。全家人都很灰心。^①但此时就传来一个起死回生的微妙的信息：参加中考和高考的教师子女可以享受到加10分的照顾。无人明确这10分应当加在分数线以上还是以下，但我们一厢情愿地理解为前者，或者希望是前者。一生在乡村任教的父亲被这个政策所感动，觉得国家还是惦记着他们这些穷乡僻壤埋头苦干的教书匠，他从这10分中看到了微茫的希望。于是父亲紧急行动起来，为他的儿子能享受到自己身为人师的10分并成功考入分数线最近的渭南师范，像秋菊进城讨说法那样远赴渭南镇托人说项。

父亲是凌晨三时许在家里喝了一罐老茶之后出

❶ "起死回生"一词，运用夸张的修辞手法，说明这一条消息对于我们全家的影响之大，把我们从失望带向希望。

门的，他需要步行两个多小时，在镇上乘班车到县城再转车。我的老家地处三县交界处，至今是一处交通的死角，乘越野车勉强可达，我有幸每年春节由单位的车送抵老家，同去的领导和同事就感慨：今天居然还有这样闭塞落后的地方，简直是一个被遗忘的角落！人迹罕至、山高水远使乡亲们养成了凌晨两三点顶着繁星踏着露水出行的良好习惯，父亲当年就是这样用裤管扫荡着露水负重出山，去为儿子争取那宝贵的可能改变命运的 10 分。

父亲本来可以在县城直接搭乘前往渭南镇的班车，但富有戏剧性的是，他在县城遇到了一个熟人的车，此车恰好可以把父亲捎到距渭南镇约有 10 公里的南河川。父亲就乘坐熟人的车从南河川下车，然后步行向西，直奔渭南镇。① 父亲是沿着火车道一直向西走的，正是七月流火、太阳中天之时，阳光像箭镞一样打在铁轨上，反射出刺目的火花，似乎都能听到铮鸣之声。多么恶毒的太阳啊！铁轨上"扑哗扑哗的"，父亲每回忆一次当时的情形就使用这样一个词，这既是一个形容词，也是一个象声词，使人如睹 18 年前父亲孑然一身沿铁轨西行的身影。

❶ 运用比喻的修辞手法，把阳光比作打在铁轨上的箭镞，生动形象地说明了太阳光线之强烈，写出父亲为"我"争取宝贵 10 分的艰辛和不易。

父亲在渭南师范找到了他认识的一个人，想通过此人的帮助，落实国家为教师子女量身定做的加分政策，使我如他所愿被渭南师范录取。他们谈话的细节我不得而知，但父亲恳切而焦灼的目光却是不容置疑的，即便我不在现场，即便时间已经过去了18年。

但遗憾的是，这一努力最终失败了。我浪费了父亲眼中那可以改变命运的10分，与想象中的渭南师范擦肩而过，没能成为在卦台山下求学的一名师范生。这一结果对14岁的我而言比较无所谓，但对父亲显然是个不轻的打击，他心里从此憋屈着一股火气，有一天终于找到了爆发的机会。那天日上三竿，大人都下地干活去了，我却在睡懒觉。^①父亲闻讯后丢下手中的活计专程赶到家中，像一头发怒的狮子一样一把提起我，委屈、愤慨和那种恨铁不成钢的不满使他的脸极度变形，我被他结结实实地暴揍一顿，就像突然经受了一场海啸。

然后我就上了高中，对于渭南师范的向往也日渐淡去。民办教师出身但并没有上过正规师范学校的父亲有着浓厚的师范情结，在他的眼里，似乎只

❶ 运用比喻的修辞手法，把父亲知道我日上三竿却还在睡觉时的生气的样子比作发怒的狮子，把"我"挨打后的感觉比作一场海啸。生动形象地写出父亲发怒的样子和我挨打的程度之重。

有当老师才是正途。二姐、我和弟弟后来果然上的都是师范类学校，即是对父亲师范情结的注解。但由于时运、就业机会等原因，我从某师专中文系毕业后并没有成为一名乡村中学语文教师，这一点，是当年一门心思想让我考上渭南师范的父亲所始料未及的。

上一代人的情结可以影响到下一代人。我常常按照父亲的构思在意念中把自己预设为一名渭南师范的学生，便觉得距此不远的渭南师范与自己有了莫大的关系。① 直到去年底，当渭南师范进城多年之后，我才有机会拜访她的旧址，亦即现在的天水十中。我怀着一种复杂的感情悄悄参观了这个依稀可见渭南师范影子的旧址，向人打问渭南师范时代的餐厅、水房、画室、男生宿舍都在何处，② 打问一位诗人当年在哪里写诗，一位书法家在哪里写字，一位画家在哪里作画，以及一群书生在哪里蘸着蒜泥吃狗肉，并拍了一些照片，还饶有兴致地和校园中的同学打了几分钟的羽毛球。我对这个旧址其实没有任何概念，也谈不上有深厚的感情，更谈不上有铭心的怀念，但当年父亲向往渭南师范的那种郑

❶ 运用拟人的修辞手法，用形容人的第三人称"她"来指渭南师范学院，把渭南师范学院拟人化，更能体现出作者对渭南师范的亲切感。

❷ 勾勒出渭南师范校园内的热闹、多彩的活动。

重其事的态度、恳切焦灼的目光以及为此付出的艰辛，使我觉得我与渭南师范存在着某种亲切的联系。如果不是一些偶然的因素，18 年前的 9 月，我也许正是这里的一名新生：①我会好奇地等待校园南侧经过一列列火车；我会按照听来的方法，把一些五分钱的硬币铺在铁轨上，等待车轮过后，它们被碾成一枚枚不规则的锋利的刃币；我会在那个大操场穿着破帮的球鞋打篮球；也会在这个文艺气息浓厚的学校认识一些教师身份的书生和文人；还会在这里感受一个北方小镇夜晚的寂静。那种寂静，用当年在渭南师范教书的雪潇先生的话讲，"像一个穷人空空的钱袋，也像一个读书人远大的梦想"……然后我会毕业，像父亲那样当一名乡村小学语文教师，夜晚便看山梁上的月亮，吟诵类似"多少人今夜就这样在月亮一侧酣睡／嗯，一庄人今夜果然就这样在月亮一侧酣睡"的句子，这必定是另外一种宁静和满足。

但我终究只是渭南师范的匆匆访客，甚至连真正的渭南师范都不曾见到过。②后来我站在正阳堡的高处俯瞰三阳川，用目光丈量从南河川到渭南镇

❶ 用三个"我会"与"也会""还会"形成排比，句式整齐，表达强烈的对渭南师范生活的畅想。作者没能去成渭南师范读书，因而在心底留下了很大的遗憾。

❷ 从俯视的角度来写从南河川到渭南镇的距离，丈量父亲曾经为了询问能否给我加 10 分所跋涉的路程。

的铁路。当年父亲正是沿着这条冒着火星的路负重前行，去了结他的一个心愿。

一些心愿总会被时间的苍苔覆盖后变得越来越微不足道，但它们就像童年的一颗糖，简单朴素地诱惑着你，任何时候提起来都会让人怦然心动。

延伸思考

1. 谈谈文章首段的作用。

_____

_____

2. 文章塑造了一个怎样的父亲形象？

_____

_____

3. 请你分析文章标题的含义。

_____

_____

村庄上空的声音

名师导读 ▶

　　作者通过描写村庄上空声音的变化，来揭示村庄发生的改变。文章采用追忆的手法写 20 年前的广播，从自己家的木匣子可以发出声音写起，写到村庄上空的广播传播消息，有时还放音乐、报时、播午间节目。广播在村庄盛行 20 年之久，直到电视、手机的出现。文中多处使用拟声词，使语言更加形象贴切，让人更加真实地感受村庄的声音。

　　20 多年前，我家堂屋的墙上挂着一个镂有五角星的木匣子，每到吃晚饭的时候，木匣子会突然响起来，先是唱歌，或者奏乐，①然后听见有人"噗噗"

① "噗噗"是拟声词，使描写生动逼真，让人感觉身临其境，仿佛听到广播的声音一般。

地吹话筒，"喂"两声，说一句"这个……"便通知大队书记明天去公社开会，或者念几段云遮雾罩的文章，声音铿锵有力，每一句话都要机械地重复一遍，听上去很威严。

❶ 设置伏笔，引人无限遐想，猜测这个可以制造声音的东西究竟是什么，从而激发读者的阅读兴趣。

① 这个奇怪的会制造声音的木匣子，是我家除人声、家畜声、家禽声、虫声之外的另一种陌生的声音。它的脾气似乎不太好，有时候气沉丹田，声音洪亮，站在院门外都能听见；有时候却喑哑无声，支支吾吾，一句话常常被割裂成三四部分，风雨大作时尤甚。它就是广播，一个威严的看不见说话人面孔与表情的传声筒。当时，它是我家除手电之外唯一的高科技产品。

我家如此，村庄中家家如此。那时候，村庄还没有收音机、自行车、缝纫机，没有任何家用电器，距离通电尚需十年时间，整个村庄处在一种混沌的蒙昧之中。广播是唯一打破村庄寂静的声音，② 它是单向的，村庄不能对着广播说话，它谦卑地听着，并借此想象外面的世界该是什么样子。但广播总是不配合村庄的想象，声音时断时续的时候，就需要在它的地线上浇一碗水。缺水的村庄土地龟裂，屋

❷ 运用拟人的修辞手法，把村庄拟人化，村庄听着广播讲话，并且很"谦卑"，说明广播与村庄的关系。

内也干燥异常，一碗水沿着地线渗下去，地上便突突地冒出泡沫，而广播却逐渐就响亮起来，可以完整地听清公社书记关于搞计划生育或修水平梯田的喊话了。

这声音究竟来自何方？①我曾约了几位伙伴，赶着羊群，循着村庄上空一条细若游丝的电线一直向前走，翻过一道道土梁，跨过一条条沟壑，在西秦岭山地蜿蜒而行，要寻找到声音出发的地方。木质电线杆把输送声音的电线凌空架起，一排排消失又出现，威仪如兵。走了大半天，莫知其始终，只好恹恹而归，但心里知道，木电杆和电线来自另一族系的群山之中，那么庞大的山系，居然阻不断广播里的声音。

村庄上空收音机的声音和蛐蛐的声音一起出现在秋天。在白露至寒露的任一节气中，在蛐蛐勇战三秋的任一段落中，村庄有了收音机。广播还悬在墙上，但山梁上的电线被截断盗取，村庄上空已经完全听不到广播里威严的声音了。②更威严的声音在收音机里，那里好像埋伏着千万大军。收音机只有两个旋钮，一个是开关，右旋开，左旋关，出

❶ 运用场景描写和细节描写，将几人赶着羊群，循着电线，寻找发声的地方的画面描绘得生动且形象。

❷ "千万大军"，一词运用了夸张的修辞手法，体现了声音极其威严的特点。

① 通感，把抽象的事物具象化，把听觉转化为触觉，听到的新闻是硬邦邦的感觉，听到的歌声是液态的、流淌的。感官互换，使作者更加真切地表达自己的切身感受。

② 作者把树木拟人化，生动形象地描绘出这些树木也像人一样具有意志，自由地生长，发出哗哗的声音，写出作者对声音的敏锐感知力。

将入相；另一个是调频，生旦净末丑，纷至沓来。①无数看不见的信号罩在村庄上空，它们好像是气态的声音，被收音机接收之后传出来，则变为固态，就是那种硬邦邦的新闻；有时也会是液态，就是那种流淌着的轻歌曼舞。我们喜欢液态的声音，它教会我们唱《难忘今宵》和《年轻的朋友来相会》。村庄上空也有了北京夏令时的报时声，夏天到了，村庄的自然节律会以北京夏令时为参照。一年四季，二十四个节气，像村庄这块手表上的二十四个刻度。我在那时候听到了"小朋友，小喇叭开始广播了"，还记录了无数期虹云、傅成励主持的《午间半小时》节目，从此开始对广播产生兴趣，高考时填报的第一志愿居然便是北京广播学院。

②村庄中有很多树木，这些树木在天地哺育中按自己的意志自然舒展，风吹来，它们发出哗哗的声音，但这只是一种树的声音，或者是同一个村庄的许多种树的声音。神奇的收音机会带来外面的树声，甚至包括东方的扶桑、中央的建木、西方的若木等神树的声音。村庄为此感到惊奇。我家院子中的一棵苹果树也感到惊奇，因为有一年夏天，父亲

买了一台金丝猴牌半导体收音机，搜索电台的时候，收音机发出的电流声乱如麻丝，但就在某个特定的点上，声音会突然清晰起来，就像在树叶的耳膜前说话。① 有时候，两个电台的声音会串到一起，此起彼伏，我中有你，你中有我，像互相串亲戚——这一切都是新鲜的，村庄上空的声音因此丰富起来，像同时上演着无数场皮影戏。

多少年多少代，村庄一直波澜不兴，日落便不得不息，日出亦不得不作。② 收音机统治村庄的上空长达20多年，当城市中已经出现了"大哥大"的时候，村庄才不慌不忙地通了电。一盏电灯使村庄亮如白昼，村庄突然像开天辟地一样耳聪目明。第一台电视机于是悄然入驻村庄，打破了收音机的一统天下。那是在村庄颐养天年的退休老工人班大爷家的一台14英寸黑白电视机。一村人都兴奋地蜂拥至班大爷家看电视，就像看一年一度的社戏。电视无时无刻不在唱戏，它无限拉长了人们看戏的时间，放大了村民看戏的幸福。虽然村庄只能看到中央一台和甘肃台，画面也并不清晰，有很大的雪花点飘扬在荧屏上，人物无不像打着马赛克。但是,这画面,

❶ 运用比喻和拟人的修辞手法，把两个电台串在一起的声音比作串亲戚，同时也把电台拟人化，像人一样可以串亲戚，生动形象地写出收听电台时的情状。

❷ "不慌不忙"一词，将村庄拟人化，生动形象地写出村庄通电的缓慢，相较于城市，农村能够接触到新事物的过程是漫长的、缓慢的。

这声音，多么让村庄着迷。此刻，村庄不仅有新奇的声音，而且有新奇的图像。村庄看到的第一部电视剧是《渴望》，刘慧芳的声音和村庄的炊烟一道装饰着村庄的上空，炊烟之中，①村庄发出的声音既像呼出一口气，又像呼出一声叹，然后便消散无形，只留下一些成长的印痕。

村庄开始发生微妙的变化，起初只是小心翼翼地试探，然后一路撒欢向前。村庄看到路宽了，梯田像螺旋一样从山脚升到山顶，一茬茬的良种替换了土著的禾苗。"麦秀渐渐兮，禾黍油油。"麦穗丛生，谷物饱满啊！树木在迅速长大，积累出繁密的年轮，在沟壑边互相眺望。小麦拔节的声音，风吹过树梢的声音，铁锹拍打在地埂上的声音，以及东边的哈欠，西边的咳嗽，还有那蝉声、鸟声、劳作声无不生动地在村庄上空交织——村庄如此多娇。一座铁塔突然就矗立在山的对面，手机信号像一匹无形的布覆盖了村庄，村庄惊奇地发现自己有了"千里眼"和"顺风耳"，村庄发出的声音途经家家屋檐的上空，到达万里之外，或者从万里之外到达家家屋檐的上空。天空没有留下鸟的翅膀，但我确已飞过。

"天上浮云似白衣，斯须改变如苍狗。"① 只有村庄静听自己成长的声音，无论秋月华星，也无论沧海桑田。

❶ 点题，与文章的标题相呼应，写村庄的声音。总结全文，升华主旨。

延伸思考

1. 文章首段有哪些作用？

_____

_____

2. 赏析下面句子的表达效果。

村庄开始发生微妙的变化，起初只是小心翼翼地试探，然后一路撒欢向前。村庄看到路宽了，梯田像螺旋一样从山脚升到山顶，一茬茬的良种替换了土著的禾苗。"麦秀渐渐兮，禾黍油油。"麦穗丛生，谷物饱满啊！树木在迅速长大，积累出繁密的年轮，在沟壑边互相眺望。

_____

_____

3. 村庄上空的声音有哪些特点？

_____

_____

一个人的饥饿史

名师导读▶

作者从初中到高中乃至大学，一直伴随他成长的是饥饿，这种生命体验使得作者在多年以后依旧难忘。文章使用朴素的文字描绘作者曾经饥饿的经历，同时也有多处体现了作者幽默风趣的风格，作者在文中讲述了很多趣事。

① 运用外貌、动作、语言描写，描绘出一个机灵的二姐形象。"扎着两条辫子""探出头""左顾右盼"写出在观察形势的二姐，"吃饭了"则是二姐观察后对"我"发出的指令。

一

一扇窗子打开，里边递出来一个类似于赵一曼用过的那种粗瓷大碗，盛着面条，或者土豆块，或者浆水汤。筷子平铺在碗面上。①紧跟这只碗，一个扎着两条辫子的姑娘从窗户中探出头来，朝窗外左顾右盼一阵，喊一声："吃饭了！"窗子前便多了另一只脑袋，接过那只粗瓷大碗转过身，是一个眼睛很小的少年，开始埋头一丝不苟地吃饭。

这个小眼睛的少年是我，扎着两条辫子的姑娘是二姐，地点是王窑初级中学，时间是夏天的中午或者冬天的晚上，天气很热或者很冷。

我上初一的时候，二姐上初二。家在十公里山路外，我们都住校。她除了念书，还负责给我做饭。所谓做饭，就是点燃煤油炉子，在钢锅中倒入少许禾麻油，炝以葱花，炒以洋芋，煮以沸水，然后将从家中带去的干面条下到锅里，煮熟后出锅食之，就这么简单。二姐对这一过程驾轻就熟。初中三年，我就是站在女生集体宿舍的屋檐下，<u>①或面壁，或仰天，或俯地，趾高气扬地接受着二姐这个专职厨师给我从那扇窗户中递出来的"嗟来之食"。</u>冬天的时候，那只碗上还隐隐地散发着二姐所用的一种廉价润肤膏的香味——它闻起来更像是一种臭味。

除了水，二姐做饭用的煤油、禾麻油、盐、醋、浆水和品种极少的蔬菜都是我们从家里每周一次肩挑手提地运去的。尽管街上每逢农历五、十都有集

❶ "面壁""仰天""俯地"六个字，简单地勾勒出"我"在等待二姐给"我"做饭时的样子，"趾高气扬"写出"我"接受这份饭时的理所当然，而"嗟来之食"又说明了这份饭并不是很好，同时这份饭也是二姐"施舍"给我的。

市，但作为自给自足的自然经济的主人，那里的农贸市场与我们无关。为了将这种无关推到极限，初中三年，我口袋里每一周的零花钱从来没有超过两元，以至于上高中父亲每周给我十元零花钱时我受宠若惊。同时，镇子上也没有自来水，我们吃水要用大塑料桶到三四里外的一处山泉边挑水。顺利解决初中住校、吃饭的问题比顺利完成初中的学业更加艰难。

① 一种急火攻心般的饥饿一直占领着我的身体。

我的鼻端常常有一种诱人的微带甜辣的清香，那是春夏之际见风就长的鲜嫩的葱苗，② 还有川道地区被水灌溉得通体发白的雪亮之葱，它们排列在街市上，葱根白嫩如玉指，葱叶长可绕匝，青翠欲滴，催发着胃的蠕动，倘若就着这样的甜葱，进食一日之计的面饼，其幸福指数犹如毛主席所说的共产主义标志土豆烧牛肉。但是我没有钱买那样的葱，在交了一次五毛钱的班费后，我的口袋便空空如也。同时，我也没有黄金大饼以配白银之葱，到了星期五或星期六，从家里带来用作每日早餐的大饼已提前几天进入辘辘饥肠。我悻悻地从街上返回，

❶ 过渡句，有承上启下的作用，承接上文自己吃饭的艰辛情状，引出下文的种种诱人的味道。

❷ 写葱，把葱根白嫩的样子比作"玉指"，生动形象地写出葱的娇嫩，表达作者当时对葱的渴望，以及无钱买葱的穷困。

看见一位女教师手里提着扎成一束的嫩葱进了她的厨房。①我真想变成一只老鼠，或者变成她养的一只狗、一头猪，可以寡廉鲜耻地偷窃或索要她的食物。我站在厨房外想象一门之隔的馒头、米饭和蔬菜，感到肚脐眼附近不明原因地发胀、发疼，身体内一个我不能明确描述其特征和功能的部位——也许是胃或十二指肠吧——开始像核桃般那样不停地紧缩，于是我额上汗大如豆。

我真饿啊。

其时我受计划经济的启发，把每周从家里带来的大饼分成六份，规定每天早餐时只能吃一份。但往往每天下午课外活动饥饿难耐，就吃掉了次日的一份。我不停总结经验，尝试着把剩下的五份又分为十份，甚至分成十五份、二十份，最终目的是把每份大饼进行定时定量，确保最后两天有早餐吃，每次我都失败了。那些大饼可真是好吃，而且我正是身体发育得需要狮子大张口之际，我没有理由将它们按部就班、对号入座地充填进越来越大的千折百回的肠胃中，②早餐的计划经济受到了重创，胃的市场需求占了上风。

❶ "老鼠" "狗" "猪"在我们的语言文化中都带有一些低贱的色彩，然而作者却渴望变成老鼠、狗、猪，仅仅是为了吃女教师手里的一束嫩葱，写出"我"对葱的渴望，甚至宁愿使自己变得卑微。

❷ "市场需求"是经济学上的一个名词术语，这里却把它用来形容人体器官——胃，形容作者当时很难吃饱的境况。这样用词给人耳目一新的感觉，同时增加文章的艺术色彩。

二姐的大饼也已经提前吃完了，遇到了和我相同的问题。

由此证明，在食欲这一关乎基本生存底线的问题上，男女的抵抗力和决断力都出其地差，抵抗力近乎残疾，而决断力近乎弱智。

某一个星期六，二姐为了给我充填饥肠，做了一锅土豆块——纯粹的土豆块，没有面食，更没有大饼，我将其囫囵吞下，不久即恶心、头晕、呕吐。我是空腹进食大量发芽土豆中毒了。当我躺在近20人共用的集体宿舍感受天旋地转的时候，①我感到我的初中生活不是去求学的，而是去寻找饥饿的。寻找到了饥饿而没有沉溺于饥饿，物来则应，过去不留，这也是一种修持，用佛家的话讲，是"无所住"。

我遇到的空前饥饿，与我今日酒足饭饱之便便大腹相比，赫然便是我此生遭遇的第一桩"无所住"了。那么，这是我记忆中急火攻心的饥饿呢，还是对我生命的一种度化呢？

❶ "饥饿"是人体自然会产生的一种现象，是机体运转的结果，而这里却用"寻找"来形容，仿佛"饥饿"需要加入人的意志，增加了文章的趣味性。

二

高中的集体宿舍将空间利用到了无以复加的地步，在一所平房高低两层楼阁式的木板通铺上，下层散乱地堆放着各式各样的木箱、水桶、编织袋和煤油炉，上层则是一字排开的五颜六色的铺盖卷。① 在食宿这一衡量生活是否殷实的重要指标中，农村住校生、民工和乞丐没有任何区别。

和初中相比，高中做饭的条件更加恶劣。② 这是县城的心脏地带，宿舍狭窄黑暗如集中营，30 多个人挤在下铺埋锅造饭，空气中飘浮着炝人的油烟味。宿舍前用以投弃烂菜剩饭的池子早已爆满，但没有人清理，污水横流到操场，蚊蝇率舞，路过的学生捂鼻皱眉，他们的目光中深蓄着对我们的厌恶。

校长在操场高高的讲台上向全校师生愤怒声讨住校生的劣迹，当他痛心疾首地说到住校生是端了碗蹲在地上吃饭，就像蹲在农村老家的炕头一样时，那些厌恶我们的学生开心地笑了。

每天中午、晚上下课后，二姐就到男生宿舍和

❶ 把农村住校生的食宿与民工、乞丐相比较，写出农村住校生生活的贫苦。

❷ 点明地理位置，高中位于县城的中心地带，宿舍的住宿和吃饭条件却依旧很差，把宿舍比作纳粹的集中营，写出宿舍的狭窄、黑暗、混乱。

我一起做饭。女生宿舍太挤，何况我也不愿意再像初中时那样去女生宿舍外面讨饭吃。那个宿舍有三对这样的兄妹或姐弟。我们大声喧哗的时候，他们从来不参与。他们紧闭着唇，埋头洗菜、切菜，然后悄然离去。他们显得忧郁，心事重重。吃饭是一桩不得不完成的课业，比学习还要费心劳神。

父亲从家里捎来一袋面粉，我用自行车推到学校。刚刚下了大雨，路面泥泞，车子不停打滑。正是课外活动的时间，楼上的栏杆后面站满了初中的女同学，我感到她们专注地看着我和我推着的面粉。这不是学生应该干的事，一阵悲凉的自卑从心底悄然升起。恰好在此时，迎面走过来一位我暗自喜欢的同级女生，她看了我一眼，仿佛洞穿了我虚弱的内心。①我一愣，手一松，面粉掉到泥地上。她仿佛没有看见，或者不屑看见。我吃力地将那袋该死的面粉扶到车子上，浑身上下便白一片黑一片的。那些日子我患了心悸，一想到教学楼上有女生在嘲笑我、同情我、怜悯我，我的心脏就乱了节拍。例行公事般的饮食使我极度虚弱，我开始彻夜失眠，或者入眠了即陷入梦魇，一夜纠缠，晨起满脸浮

❶ 运用神态和动作描写，"一愣""一松"写出"我"当时内心的悸动，"吃力"写出"我"当时很费力的样子，"浑身白一片黑一片"更是写出"我"狼狈的样子。

皮潦草，记忆力溃退如蚁。这一切父亲并不知情。
① 他能给我的，是充足的食物、苦涩的笑、望穿秋水的无言期待和每周让我受宠若惊的十元零花钱。

　② 我提开水用的保温瓶被盗了。它装满开水，放在教室的窗台上。为了省下打开水的一角钱，我不止一次用同学手绘的假开水票骗过了烧锅炉的老头那双昏花的眼睛。终于有一天他逮住我说这是张假票。我的心脏当场乱了节拍。他问，还有几张假票？我掏出五张手绘票，他接过去扔进锅炉说，没票不要紧，以后别画假票了。我急忙说不是我画的。他没理我，此后不再提起这件事，却让我免费打开水。我回去后把画假票的同学劈头盖脸一顿骂。现在保温瓶丢了，我对不起老头提供的免费开水。我站在楼梯口仔细核查同学手中的每一个保温瓶，确信其被盗了。我极其沮丧。丢了保温瓶，做饭就耗时耗油，极不方便。二姐在听到这一消息后，眼中一派无助的迷离。其时我们心境之苍凉，无以言表。

　　在一个已经解决了温饱但还没有解决小康的时代，住校意味着虽然有足够的自产面粉和洋芋以供果腹，却没有足够的钱，哪怕仅仅是想买一个刚刚

❶ 通过写父亲所能够给予"我"的东西，刻画出一个默默无闻、艰辛、关爱孩子，把一切好的东西都给孩子的父亲形象。

❷ 倒叙，先说明结果，后交代故事经过。段首便直接提到"保温瓶被盗了"这一结果。紧接着对保温瓶被盗之前的经历进行叙述。运用倒叙这一叙事手法，开宗明义，引发读者对事件发展过程的好奇。

出锅的油酥馍。

我常常想起校门外那个做油酥馍的小摊，炉子是废汽油桶做成的，在发酵揉好的面团上撒一层黄色的作料和白糖，置于铁板入炉烘烤，出锅时可见白色烟雾，而麦香扑鼻，令人馋何如哉！油酥馍更像是为节日准备的早餐。从家中带来的面饼早已吃完，或者生毛发腐扔掉了，解决一周最后两天的早餐，必须买一个油酥馍。我和同班的彦东便各自花三毛钱买了一个。吃这种油酥馍，我们感到和城里的学生平等了。我由此很理解为什么学校要做校服，那也是为了平等——从校服上是看不出贫富与贱贵的，就像从同一种早餐上是看不出贫富与贱贵一样。

①如同猪八戒吃人参果那样，一个油酥馍很快就下肚了，但胃里空空如也。小摊上层层码着的油酥馍似乎并不曾被我们吃过。这是一种陌生而高贵的食品。我和彦东失落地站在那儿，经过充分讨论，最后艰难作出决定：再买一个分而食之。

我们兜里的钱凑起来，刚刚够买一个油酥馍。

②我们将那个凑钱买来的油酥馍一分为二，细心地一点一点地放到嘴里，让其融化，慢慢滑向深

① 借"猪八戒吃人参果"写出"我"当时吃油酥馍速度之快、狼吞虎咽的样子，写出"我"对油酥馍的渴望，使"我"来不及细嚼慢咽，便已经下肚了。

② 用"深不可测""大不可估""渺渺"这些词语来形容"我们"的"胃"，说明了当时的那个一分为二的油酥馍对于"我们"的胃来说是微乎其微的，同时也侧面写出"我们"当时的饥饿程度。

不可测又大不可估的渺渺之胃。

这是一顿极其奢侈的早餐，运用了我们其时所能鼓起的所有勇气和所能集中的所有资金。但是，我还是觉得就像什么都没有吃过一样。

我对彦东说，我很饿。

彦东说，我也是。

三

沈宏非先生说，自从班昭在《女诫》中做出男女七岁后便不得同台吃饭的规定以来，墙头马上之外，饭桌就一直是个用餐和用情的好地方。

①大学中比较深刻的记忆都与吃有关。

她是我的初恋情人，家境富裕。她把平时不花的钱也存入饭卡，这样卡中的钱越积越多。而我常常把学校每月定额存入饭卡的伙食费兑换成现金加以挪用，这样，80块钱的伙食费很快告罄。

我们很少在一块吃饭，保持着一份生活上的独立。有一个下雨天，她端着饭来找我，里边有我爱吃的土豆块，还有面包和红薯。我感动得不能言语。

②还是沈宏非先生所说：恋爱中的男女同桌而

❶ "大学"与前文的"初中""高中"相延续，是一个链条式的时间结构。随着时间的发展，作者继续回忆与饥饿和吃相关的事件，激发读者阅读下文的兴趣。

❷ 引用沈宏非先生的话来形容恋爱中的人在一起吃饭的感觉，一日三餐，就是生活日常，然而恋人没有完全生活在一起，因此透过吃饭产生对未来吃饭场景的憧憬。

饭，是生米对熟饭的憧憬，是未来共同生活的一次安全的彩排。除此之外，要彩排未来幸福生活之节目单上的余项，皆有程度不同的风险存焉。

我们并排坐在一张桌子前，我很想给她喂饭，但餐厅里不知是谁张贴着一张小纸条：不许互相喂饭！于是我们吃着同一个饭盒里的饭，感受到踏踏实实的老百姓的小日子，除了少一个热炕外，这一刻都齐备了。

她在我特别忙的时候，还在餐厅的小灶定做过十块钱一份的盒饭，然后小跑着来找我。我在她的引领下从后门上楼进入餐厅用餐，感到她像引领但丁游历天堂的贝尔特丽采，很高贵。

我们很凶地吵架，和好后去校门外吃饭，她请我吃洋芋丝，或者炒煎饼。东校门外卖炒煎饼的中年妇女特别像我在农村的小姨，她的煎饼很好吃，当她看到我们两人时，眼中总有一种近乎慈祥的笑容。

我们从学校的南山上春游或秋游回来，找一个小摊，要一份炒面，两人共同对付，她只挑里边的菜吃，我只挑里边的面片吃，吃得嘴角流油。常常如此。

① 她回家时用一个大号饭盒带回来她母亲炒的菜

❶ 像监考一样，写出女朋友对"我"必须吃完她母亲做的饭和菜的要求，同时也暗含女朋友对她母亲做的饭和菜的自信，以及对"我"的关心与爱护。

和米饭，像监考一样看着我吃完，等我说"香死了！"

她的饭卡，常常被班上的男生抢了去，买啤酒，买花生米，买罐头。她不生气。但当她发现我的卡里常常没钱时，她生气了，说，你吃不饱饭，我却给他们摆阔。

她说，今后你和我一起吃饭。

她的这句话，我一生铭记。哪怕此后我和她不共戴天——她现在头顶北美的天空。

但我说，不。

我不想用她的卡吃饭，吃不饱只是暂时的。

我常常感到饥饿，开饭前的一节课尤甚，有时觉得胃液都被清空了。我好像是饿死鬼转世的，老是吃不饱，又舍不得吃。

同宿舍的喜杰是睡在我上铺的兄弟，他也吃不饱。① 他为人极其尖刻，说话常揭人之短。后来他的老乡对我说，喜杰的父亲去世很早，家境很不好，他上大学的学费是兄长凑的——兄长当时把钱扔到他脚下，他弯腰捡了起来。我心里一颤，从此宽容喜杰的尖刻语言。他也不再攻击我，在我搬出宿舍到一个社团的办公室住宿时，一个同学想从隔壁宿

① 先阐明结果，后解释原因。喜杰为人刻薄是有现实原因的，他自己孤立无援，没有人依靠。同时交代喜杰的家庭背景，也为下文喜杰为"我"与对方大动干戈做铺垫。写出喜杰是一个极为仗义的人。

舍搬到我的床位上，喜杰和对方大动干戈，硬是没让他搬进去，却一直给我留着那个空床位，直到我重新搬回去。

① 本段使用了大量的量词，使读者更加真切地感受到当时物资的匮乏，同时也描绘出"我们"知道一份白菜只花一元之后的兴奋。

① 这位和我情同手足的兄弟有一天在食堂发现了一种炒白菜，一份只有五毛钱，他兴冲冲地打了一份两个馒头向我们通报，说，一顿饭只花了一块钱，实惠啊！这是一个特大喜讯，我们奔走相告，连续几天吃这种水煮白菜，吃得我们面如菜色，最后看到白菜就反胃。

弥补大学时期饥饿最有效的办法是泡方便面，除此之外，还有其他不花钱的途径，比如说，老大从家里带来的干炒馒头块，老四的姐夫给他提供的速食挂面，老五常常当茶冲的油麦面，而我，有两个学期一直在吃一种熟面。

熟面是把各类粮食作物诸如小麦、玉米、黄豆等炒熟后磨成面做成的，里边添加甜菜根，吃起来甜滋滋的，且存放方便，不易坏。我嫌它不够甜，又在里边加入大量白糖，这样嚼到口里嘎嘣有声。我常常熄灯后悄悄吃这种东西。我怕别人抢着吃，那样我就不够吃了。偏偏老四特别喜欢问一句话："你在吃什么？"然后后面还接着一句："我也想吃一点儿。"这说明他也很饿，这两句话让我当时极不痛快，黑暗中我的脸色可能十分难看。

吃熟面的时候不能发笑，一旦发笑，会呛一大口。舍友会在我吃熟面的时候大讲笑话，让我生死不能。

当灯熄人静、神归其位之际，我们都很饿，尤其是我更饿，有我眼泛绿光为证。宿舍里于是有了许多细密的声响：老大吃馒头块，老四吃速食挂面，老五冲油麦面，家境较好的老二与老三泡方便面吃榨菜，宿舍里飘着各种各样的香味。我把熟面放进嘴里，耐心地嚼着，真香。① 老大在旁边一本正经地说："一男一女在路上走，女：'看见路旁那个喝酒的了吗？'男：'看见了。'女：'自从五年前我拒绝了他的求婚，他就一直这样。'男：'真是不可思议，他有必要庆祝这么长时间吗？'"

大家都笑了，认为这个包袱抖得好。我忍住没笑，可是熟面在嗓子眼憋得难受。老二查看了一下情况，接着说："两只苍蝇在厕所里用餐，小苍蝇问：'妈妈，我们为什么要吃屎？'老苍蝇说：'吃饭时

❶ 文中插入笑话，增加文章的趣味性，使读者在阅读文章的过程中感受到作者的幽默。

不要问这么恶心的问题！'"

① 运用拟声词，使描写生动逼真，使人如闻其声、如临其境。

① "哗"的一声，宿舍里炸了锅，我终于受不住了，嘴里香喷喷的熟面就像井喷那样，"噗"的一下喷到桌子上，气管同时呛如烈焰，呛得我眼泪都下来了。

延伸思考

1.你如何理解作者所说的"吃不饱只是暂时的"？

_____

_____

2.文章的标题为"一个人的饥饿史"，你如何理解"一个人"和"饥饿史"这两个词语？

_____

_____

第二辑 一对陡然长出的耳朵

　　"聪明"者，耳聪目明也，这不但是生理健全的最低标准，也是艺术感悟的底线，但阿炳和"贝多芬"们居然便可以超越肉体的毁灭性的万千阻拦，到达寻常民间艺人和寻常古典作曲家望尘莫及的高度。

【预测演练】

阅读下文，完成下列各题。（12分）

一对陡然长出的耳朵

①当聂耳、冼星海等音乐家匆匆奔赴在民族救亡大道上的时候，有一个人无动于衷，他是瞎子阿炳。他无动于衷是因为他双目失明，而且不过是一个流落街头的民间艺人，既不能上战场又不能在乐谱上作一些类似于《黄河大合唱》式的"宏大叙事"，但他有胡琴，有琵琶，有中年时因双目失明而陡然长出的一对更加敏锐的耳朵，还有一颗东方世界特有的宽广敦厚的悲悯之心，所以他把古老民间乡里的听觉化作了晚近中国历史上最美丽、凄凉和一唱三叹的音乐旋律。一首《二泉映月》，映出的是阿炳已经干涸但丰盈异常的一双关怀世道人心的眼睛，所以他是"宏大

叙事"之外永远存在的一个常数，一个能让不入流的艺人和穷苦百姓听见便感怀不已的温暖的名字。

②阿炳在中国音乐史上的存在是个奇迹。双目失明的阿炳总让我联想到双耳失聪的贝多芬。是不是经历了生命中最大限度的悬殊——一如生与死、富与穷、无限的光明与无边的黑暗、一览无余的清澈和与世隔绝的混沌等——火与冰境界的人，才更加贴近艺术和生命的本体要求？

③"聪明"者，耳聪目明也，这不但是生理健全的最低标准，也是艺术感悟的底线，但阿炳和"贝多芬"们居然可以超越肉体的毁灭性的万千阻拦，到达寻常民间艺人和寻常古典作曲家望尘莫及的高度。艺术的极境不一定非要以肌体功能的部分丧失为代价，但一定要与心灵的内视和俯听的质量息息相关，与天才的顿悟和冥想息息相关。

④我相信一个人内心如果常常掠过《二泉映月》或《梁祝》的旋律，那么即使面对悲苦的世界，他也构建着诗性的自我表达的空间；如果说常常掠过的是贝多芬的《第九交响曲》或德沃夏克的《自新大陆交响曲》，那么他肯定对痛苦置换的欢乐有极大的释放感；如果常常掠过的是冼星海的《黄河大合唱》或比才的《卡门序曲》，那么他一定意气风发，情绪高昂，有仰天大笑出门而去的豪情壮志了……音乐与人的对应关系如此清晰地揭示了心

灵的奥秘,这是不难理解的。可我现在怀想着《二泉映月》,我一直想着未有此曲之前,瞎子阿炳那对异于常人的耳朵是如何陡然长出来的。

⑤在日本侵华时颁给各地市民的"良民证"中,我看到阿炳的唯一一张照片。他的盲镜滑稽地斜跨在鼻梁上,似两个黑洞,他那时一定被妻子董翠娣用一根细竹竿或一把折扇牵着,神色苍凉而傲慢地走在无锡的大街上,身上背满了各种乐器。他听到时间在一分一秒地逝去,而听觉在一分一秒地清晰、变重、变厚,他隐忍的外表下掩藏着一种寂静和忧伤的聆听,他能听见黑暗中一部分嘈杂的欲念在慢慢离身体而去,代之以手指间滑出的一段和弦。哦,这个出身卑微的私生子,这个诵读过《道德经》且深谙以精神致魂魄的道士,这个无锡城里技艺最出色的艺人,他对生命的终极见解全凝结在那一对陡然长出的耳朵上,凝结在耳朵幻听出的《二泉映月》上啊!那是阿炳的全部,是他卓然独立于世俗民乐之外的高标。

1. 文章将阿炳与贝多芬相提并论，有何作用？阿炳与贝多芬之间有哪些相似点？（3分）

_____

_____

2. 文章第二段画线的句子提出问题，你会如何回答？请列举除文中人物的两个名人的事例说明。（4分）

_____

_____

3. 结合作品创作的背景，试分析文章中叙述《二泉映月》时所蕴含的感情。（5分）

_____

_____

_____

书　房

　　本文以"书房"为题，围绕题目将文章分为"我的书房在远方""书房镇狮"和"古木润书"三个部分来讲述，结构鲜明，条理清晰，内容一目了然。文章语言在通俗易懂的基础上，又不乏生动性和趣味性。阅读本文，读者不仅可以跟随作者去寻找理想书房，看到书房镇狮的可爱，而且能够欣赏各类别致的古木家具，感受到独特而浓厚的瓦窑坡硬木家具买卖文化。

我的书房在远方

书房是读书人安顿灵魂的地方。在很长一段时间中，我只有一个十平方米的小宿舍兼书房，南向无窗，空气不流通，在预防"非典"的特殊时期它尤其让人憋气。我把无处码放的书装在几个特意从部队弹药库要来的子弹箱里，加上纸箱中的、板柜里的，芜杂而又紊乱，全无坐拥书城之感，让人英雄气短。① 我只好在这个小屋子中自嘲："斗室通天嘛！"

我的书房在远方。读书人没有书房，灵魂是四处漂泊、随遇而安的，当时我一定是患了书房痴。② 那次去南山下一处民居，见院内有十多个兽环瓦肆式的大鱼缸，有几棵石榴树、几束兰草，偌大的正房即便在盛夏也显得清爽。我脱口便说，这是多好的一个书房啊！可是室内无书，只有几幅竹帘画，一个旧吊钟，一张石饭桌，还有一个因中风而半身不遂的老人。这处民居坐落在河畔，整个小区整齐划一，有地震后重建的唐山的感觉，是福利制度的产物，虽没有古巷，但红砖青石的巷道依然纵横交

① "斗室"这一词语说明了作者所居之地的狭小，"通天"说明了书籍的力量巨大，"斗室通天"既体现了作者的平实，又流露出作者的幽默。

② 环境描写，营造清幽、闲适的居所氛围，传达出作者对这处民居的喜爱之情，同时也表明了作者对书房的热衷。

错，环境幽雅得让人嫉妒。这真是一个做书房供人隐居修身的神仙的住所！但我说完可以做书房的话后就后悔了，我能要求一个中风的老人追求什么书房呢？何况他修这个房子本身就是单纯地为了居所的宽阔和气派，他才不管一本书和一座房的联系。我一看到闲置的房子就要脱口喊书房，由此可见我关于书房的妄想症已病入膏肓。

前几年单位分了一套房，它是福利分房的尾声。

①房子太小，只有40平方米，周围环境又糟糕，每天都要面对杀羊带给人的精神折磨，还要呼吸浓重的羊膻味和油腻味，空气中始终泛着一股说不清的黏稠。每天清晨五时起，赶早进城的土特产和水果批发商的喧哗声就在窗外响起，更重要的是没有我的书房。我怎么能没有书房呢？我只好把它出租，月进百五，我大小也是个地主了。后来干脆将它转手，省得看见那地方杀羊就心烦。

我日甚一日地渴望有一个书房，面积要大，可以穿着旱冰鞋滑行着找书；环境要雅，有"宝鼎茶闲烟尚绿，幽窗棋罢指犹凉"之意境。倘有这么一座古寺，青灯拂案，古树探花，幽香入微，钟声穿

① 环境描写，描写房子周围糟糕的境况，为下文写"我"将这套房出租、转手做铺垫，同时也表达了"我"对这套房周围环境的厌弃。

月，雨声滴砚，那该是多好的去处，也可以讨一间禅房做书房的。我想象着剃光了头发住进去，等发可齐耳、胡须芜杂时，必会修出一肚子的禅机和学问。① 书房并不产生学问，但它是生产学问的产房，就如同蛹是生产蚕丝的产房一样。

真正沁人心脾的书房，书架应是梨木的，一排一排高逾一人，用油抹布抹得油光锃亮；书案应是核桃木的，宽大豪迈可运笔成风；② 案后配一把从旧货市场淘来的四出头官帽椅，每天坐在那里，摇头晃脑地读一些"峭壁危如高士卯，寒潭清见古人心"之类的话，读累了，身后有四速电唱机，不妨从一大堆旧唱片中翻出一张，听一听上海滩流行的小资情调。如果嫌旧唱片太怀旧，有冰凉之感，那么，书房另一侧有发烧级的四组音箱，夜晚听着雨又看着发烧天碟，高音亢奋，低音轰天，一时只觉世上最大之幸福，竟是如此简单。

从书房的陈设可以看出专业读书人和非专业读书人。那些喜欢码一排排砖头般厚重的精品书的人，十之八九是非专业读书人。而那些在书架上码有开本不一、厚薄不一、色泽不一甚至味道不一，积一

❶ 把"书房"比作"蛹生产蚕丝的产房"，生动形象地描绘出学问与书房的关系。

❷ 引用诗句，使文章兴趣盎然，平添文章文采；同时生动地描绘出一个读书人的贤雅情态。

生之功构建书房的人，十之八九是饱学之士，他们的书房即是一句让人折服的格言。

穷一生之力打造书房，使它不失读书人的庄重，这是一种宿命。

书房镇狮

当我终于有了自己的书房后，我在书房中首先放置了一尊狮子。它状若孩童，憨态可掬，是书房的镇宅之宝。有了一屋子的书，再有了这么一个童稚得总让人笑出声来的古玩，这新建的书房才渐渐有了稳住人心的凭藉了。①哦，从明天起，做一个幸福的人，上班、看书，周游世界。我有一间书房，面朝花园，春暖花开。

我于是常常盯着书房镇狮发愣。

这尊狮子，气魄雄浑阔大，有汉人石刻气象，其实是一尊铸狮，材料也并不见考究，不是汉白玉，不是庞公玉，也不是鸳鸯玉，近而叩之，有空洞之音，竟只是一水泥坯子而已！

这尊狮子，神情憨态可掬，有脉脉人间温情，显然是熟知世间风物的驯狮，仰首咧嘴，脖下有铃，

① 仿写海子的诗《面朝大海，春暖花开》，体现了作者高超的艺术水平，增加文章的文学性。把"房子"改为"书房"更加说明作者如同海子对海边一所房子的期待一般，期望自己有一个理想的书房，表明作者对书房无限的喜爱。

足下有绣球，胯下有幼狮，背上亦有幼狮，完全异于平常狮相，一家三口，其乐融融，无窃窃私语之态，却得推心置腹神韵！

这尊狮子，伏卧在浮雕有云龙戏珠的台座上，胜似信步于户外闲庭。当年在古董肆间闲逛，偶尔瞥了一眼，① 便如目光生根，不能自兹而去。店家是个妇人，开口便说300。算计复算计，在古玩市场盘桓数日再去，不见索价300的妇人，店家与邻家开拖拉机，头也不回地说，50元——开！清到A，你输了！他将桌前的一堆纸钞尽数揽于怀中，忽然主动就给了我一个微笑并让了价："40元，拿去吧。"

是赝品吧？你看那腿上的绿垢，有些已经褪了。我在花园中清扫狮子肚子上的灰尘，有人在花园外嗑着麻子发问。我莫测高深地笑了："是赝品，专门买了个赝品，能指望40块钱买到行货吗？我只是看它心疼，心里一疼，就把它请回来了。"

② 满大街都是狮子。银行门前卧的是一对非洲长毛狮，铜皮包裹，不久前亮黄色的铜皮夜间被人剥了去，露出一层白花花的内胎。百货大楼前是一对石狮，高大威风，目光如炬。宾馆前也是一对石狮，

❶ 运用夸张的修辞手法，目光不能生根，作者这样写正是想表达狮子对作者有着极强的吸引力，同时也从侧面传达了镇狮的精巧。

❷ 运用对比的修辞手法，把"我"买的赝品狮子与银行前和百货大楼前的狮子的境遇形成强烈对比，"我"的狮子被人心疼，而银行前和百货大楼前的狮子遭人破坏，突出"我"的狮子的幸运。

嘴里的石珠被小儿攀上去拨拉来拨拉去，它仍然傻兮兮地笑着。狮子显然是镇守门第之物，满街狮子一一看去，一派祥瑞气象。

我在书房里安置了这尊百兽之王作为书房镇狮，它是文殊菩萨的坐骑呀，它一定是智慧和力量的化身。每天我和它四目对视片刻，看它鼓起的双目中没有威慑，只有亲和；没有生分，只有熟稔，我就颔首微笑了。我笑它也笑。它的笑全含在那张板方的嘴里。① 它的发髻犹如小儿的抓髻，鼻孔突突，隐然可见白色鼻息，舌头调皮地探出来，阴刻的胡须顺着脖颈围成一溜儿——哦，一只健美的小狮子。

朋友来书房中品茗谈天，看了秦汉陶罐和明清家具，目光最后都会落在石狮身上。啧啧，多可爱的生灵！有人就吟道：相看两不厌，只有敬亭山。物是吉祥之物，人是性情中人，人物相仿，文采飞动，嗯，依稀大儒气概。

① 写出镇狮健美的面部特征，如抓髻般的发髻、突突的鼻孔、探出来的舌头，写出一个惹人喜爱的小狮子的形象，表达了作者对镇狮的喜爱之情。

古木润书

我所在的城市北面山脚有村曰瓦窑坡，是古旧家具的集散地，许多收购旧家具的贩子在此居住，将从林区或远山深壑收来的硬木家具待价而沽，慢慢形成这个带有浓厚文化色彩的买卖行当。我在瓦窑坡见过很多尚未修补的梨木或核桃木家具，它们有书桌、八仙桌、翘头案、板柜、面柜、大书橱、药柜、大立柜、太师椅、小矮凳、禅墩、插屏、大平案、小炕桌、灯台、多宝格等。甚至有一次，我在瓦窑坡下一家工厂闲置的大院中见到了整整一院有上百件之多的蝴蝶式橱柜，它们的雍容大度，足以匹配和盛装全套《四库全书》！见得多了，我就想亲近木头，通过收藏古木养心养眼，以此滋润和浸淫我的书籍和内心。我期待自己赶快富起来，不遗余力留下那些古木和余香，作为自己的书斋清供。几年下来，一些古木家具先后被我抢救性地① 请进了书房，一时蔚为大观，大有文人性情。兹录藏品于下：

② 百宝箱。长仅一拃，宽约一拳，高可盈掌，箱身卯合严密，箱盖作拱桥形，且两头有翘檐之势，望之稳重而灵动。此箱质地温和细密，虽木质不辨，但精细如此，可以宝藏。遂将十二方古墨存于其中，每一掀盖，墨香扑鼻。

核桃木茶叶筒。以一整块核桃木挖空而得，黑

❶ "请"字表明了作者对这些古木家具的恭敬和喜爱，把用于人的谦词，用于这些古木家具，仅仅是装饰书房的家具，作者便如此珍惜，更能凸显出作者对书房的重视和喜爱。

❷ 细节描写，从长、宽、高和外形、木材等方面对百宝箱进行细致刻画，生动形象地写出了百宝箱做工之细致。

旧如紫檀，纹理花如鬼面，行如流水，依稀可辨。上亦削有木质盖，如农夫蓑笠，又如积麦之状。天下茶盒，窑器为上，锡次之。核桃秀于深谷，百年后到人间脱成茶盒走一遭，茶之幸欤？人之幸也！

杂木烟叶盒。亦以整块杂木按木质天然形状挖空制得，如菠萝，如古泉，如砚台。其色甚黑，原器色泽仅内壁稍辨，可知经人经事既久，阅世间沧桑亦多矣！农村取干烟叶卷之以抽，此物为储存烟叶之器。今见古物，犹忆儿时农村风物。

核桃木插屏。纹饰甚繁，底座为透雕缠枝植物图案，前后左右均有对称凤头雕刻，写意抽象，上方应有龙头雕刻，已佚。插屏是遮风挡光，修饰居所之物，乃自书宋代蔡襄《题龙纪院僧室》，裱于其上，不觉大雅雅人。

核桃面大书桌。此桌两抽屉为梨木，桌面为核桃木。造型简单，比例匀称，清雅秀丽，有大明家具之风，吾置此案于书房，[①]日夕伏案疾书，木助人势，人借木威，颇有心得。

梨木小书桌。仅一人可坐读，有两抽屉，线条雄浑憨厚，质朴大度，有汉魏六朝石刻气象。

❶ "木助人势，人借木威"将人伏案的状态写得非常生动形象，达到物我相融的境界，体现了作者对核桃面大书桌的喜爱之情。

梨木小炕桌。桌面光洁金黄如童子面，带有小抽屉。老人可在炕桌上熬罐罐茶，小儿可在其上书声朗朗。此炕桌与前述小书桌、大书桌恰似一家三口，仆见之，犹觉木之亲情，心疼不已，乃同时购藏。

核桃木高圆凳。四足，十字衬条相连，足下有马蹄。置花瓶或兰草于其上，别有韵致。

核桃木镇布。正方体，长宽各一拃有余，用以镇压裱糊的布匹。余以黄绸缎裹之置于书桌上，犹玉玺大印，威风陡增。

镶黄杨盖板。板已裂，中间以黄杨木镶成蝙蝠以及"福"字，色如蛋黄。[①] 黄杨木每年只长一寸，不溢分毫，遇闰年反而要缩一寸。因生长缓慢，木质坚致，没有大料，故多用于雕刻和镶嵌花纹之用。采伐黄杨木极讲究，必以阴晦夜无一星，伐之则不裂。余得此镶黄杨盖板，每日视之，似与性情古怪侠客晤面。

核桃木烛台。虽为祭祀用品，但肚鼓腹细，盈缩有期，纹理灿若星辰，一波涟漪如旋涡，是核桃木中的上品。此烛台现供于书柜之中，以此遥祀文曲星宿眷顾我为人为文。

① 从黄杨木生长缓慢，木质坚致和采伐时对天气要求严苛等方面来突出黄杨木的珍贵，表达了"我"对镶黄杨盖板的珍视之情。

吾生亦有涯，爱木则无涯。木实无华，人使之华也。集邀众硬木于书房，是我的心愿，又何尝不是润泽我生命的一种必然呢？

延伸思考

1. 文章语言在通俗易懂的基础上，又不乏生动性和趣味性，体会下列加点词，感受文章的语言魅力。

（1）我一看到闲置的房子就要脱口喊书房，由此可见我关于书房的妄想症已病入膏肓。

_____

_____

（2）它们的雍容大度，足以匹配和盛装全套《四库全书》！

_____

_____

2. 如何理解"书房是读书人安顿灵魂的地方"这句话？

_____

_____

耳朵里的爱情

名师导读

　　我和他是好朋友，是无话不谈的知己。他那"古典"的爱情故事一遍又一遍飘荡在我的耳边，他们爱情的全部仅仅是两人对视，他们是大学同学，四年大学生活结束后，两人便分开了。三年后，她得了麻风病，他前往迭部去看望她，他们依旧以古典的方式（眼神对视）待了一下午。这种一直回荡在耳边的古典爱情使我叹惋。文章采用第一人称的叙述视角，描绘了一位真诚、豁然的"他"形象，同时表达了作者对友人爱情故事的惋惜之情。

　　他是20世纪60年代的老牌人学生，毕业于兰州大学历史系，退休前为某市政协文史委主任，一生以篆文梓书为要务，与我多所亲近，文墨相往，

❶ 肖像描写，刻画了一位十分有精气神的老者形象。同时运用比喻的修辞手法，把老者发白的胡子比作草茎，生动形象地描绘出老者胡子的杂乱和繁密旺盛。

❷ 运用比喻的修辞手法，把老者弓下的腰身比作虾米，把紧蹙着的眉心比作中国结，生动形象地描绘出他下棋时认真、专注的神态。

性情相与，心有戚戚焉。

①他穿着圆口千层底老布鞋，外套终年搭在手臂上，发白的胡子拉碴如草茎，眼睛常常是半闭着的，偶一睁开，眼中精光四射，剑眉呼啦一下立起，像戏剧中的关羽。

②他善弈棋，常在街头与摆残局之人捉对厮杀，腰身下弓如虾米，鼻子上冒着汗珠，眉心紧蹙似中国结。家人呼之以饭，不应；催之以眠，盛怒。待晨钟暮鼓，一盘胜出，便欢喜不能自禁；败北，则郁郁多日。

他嗜烟如命，浑身一股烟屎味，却不忘得空去呷那玉石嘴的长杆旱烟锅：金黄绵软的烟丝在铜锅中明明灭灭，袅娜的薄烟梦一般升腾而起，而绣有鸳鸯戏水图的布烟袋上缀着的一枚圆孔玛瑙就浸透在白纱似的烟雾中，通体湿润，使人心里温暖。

他长期住在办公室编书，凌晨二时打电话叫我看瞬息一现的昙花；他对我信手画出的弥勒佛赞不绝口，坚持予以收藏；他始终搞不懂诺基亚手机的功能，常常慌慌张张地像捧着炸药包那样找我排障……

然后，他蜷在沙发中，突然给我讲起了他四十多年前的爱情。他的语速缓慢，声音沉浑，仿佛来自一座遥远的喇嘛寺院。

她和他是大学同班同学。她的老家在草原上，在草原深处的某一座帐篷中，或者在这座帐篷背后茂密森林的板屋中。他们的爱情是一种古典的对视，那个秋日的傍晚，他看着她，目光深邃而神秘。她惊慌地低下头去——这就是他们爱情的全部，有着"我醉欲眠卿且去，明朝有意抱琴来"式的遥远期待和热切想望。①<u>20 世纪 60 年代的时代空气没有隔绝他们交汇的目光，一种近乎古希腊平民式的诗性生活情节晕染了他和她的古典对视。</u>他和她的爱情，就在这样的目光中埋伏了四年。然后，他目送她去了甘肃甘南藏族自治州的迭部县参加工作，他则应父亲之嘱南返天水——他父亲曾是私塾教师，他是他唯一的儿子。

三年后，他有一种和她相忘于江湖的惆怅，于是他去迭部看望她。在甘南藏族自治州的合作市，他花了三块钱用一条"飞马"牌香烟换取了去往

❶ "空气没有隔绝他们交汇的目光"，写出了他们对视时目光之深切，体现了他们用情至深；而"古典对视"一方面写出了这段爱情的意蕴，另一方面写出了两人相处时的含蓄与羞怯。

迭部县的最后一张车票。她那时正在林缘区防治麻风病，闻讯后乐滋滋赶来，他们依然古典地对视了一个下午，彼此的内心幸福极了。一个为伊跋涉千里的男子与一个为君一诺千金的女子，他们的互相期待该多么具有化蝶般的诗意氛围啊。那一个古典地互相对视的下午不仅让他大舒胸臆，更让严谨得失去了笑声的时代一瞬间风情万种。当他离开迭部的时候，<u>①他感到了"执子之手，与子偕老"的遥远与心痛，他只能与她"执手相看泪眼，竟无语凝噎"</u>。

① 巧用诗句,把"执子之手,与子偕老"和"执手相看泪眼,竟无语凝噎"巧妙地引用到文章中,体现出作者极高的文学素养。

大雪封山。从迭部返回合作市的班车三天后才可通行。他坐在路边看那泾渭分明的山，山顶是白的雪，山腰是白的树，苍茫大地，一片寂寥。一辆从林区拉木料的卡车停在他身后，开车的小伙子向他借火。然后，他就乘着这辆堪称雪山之舟的大引擎卡车返回了天水。然后，他们各自成家，一个在天水，一个在迭部。这一年，陈毅元帅的辞世使全国愁云密布，我从他的南行中寻到了一丝难得的温暖。

② 运用对比的修辞手法,他的故事不如祥林嫂的故事,说明"我"觉得他的故事很无趣。

<u>②他给我反复讲这个爱情故事，逮住机会就</u>

讲，讲得眉飞色舞。但是这个故事实在没有任何味道，还不如祥林嫂讲的那个阿毛被春天的狼叼去的故事精彩。我耐着性子听，这是一个存在于耳朵中的爱情，是 20 世纪 60 年代关于爱情的乌托邦，于是，左耳进，右耳出。他反复讲了很长时间，我无意间发现这个耳朵中的爱情有了小说般的结局：她结婚后得了绝症，捎话让他去迭部看她一眼。物是人非，他不想去。她的丈夫居然给他写信，恳求他满足他妻子的最后一个愿望。他犹豫再犹豫，硬着头皮去了，两个男人在迭部见面，她的丈夫眼中显出感激的神色。于是她认真地看了他小半天。她在他返回天水不久后就去世了。她的丈夫哭得不省人事。

他在说到这个地方时一声长叹，叹得我的心都苍老了一半。他那杆长嘴烟锅中的青烟厚如云彩，他的整个面部笼罩在烟雾中，辨不清五官。

我没料到这个存在于耳朵中的乏味的爱情竟埋伏着这样让人不忍的结局，只好跟着长叹一声。我感到，我的心确实苍老了许多。① 我想安慰他，他却已经笑了，两道剑眉弯成了一对括号。

❶ 神态描写，写出他看起来释然的神情，凄美的爱情使他的剑眉弯成一对括号，也写出他笑的力度之大，笑中又有惋惜之意。

《诗经》有言:"言念君子,温其如玉。在其板屋,乱我心曲。"我想,在她的眼中,他是不是那个住在西戎板屋中而让乱了心曲的她想念至终的君子呢?

至少我懂得,许多年来,他的心都在西南方向的迭部县。

他说,^①迭部,藏语是大拇指的意思,地处白龙江上游,有天险腊子口、无名的美女和遍地的野菜。它的西南,就是若尔盖草原,那里经幡幢幢,梵音喃喃,大地上飘着云朵般的羊群,响彻着古老的牧歌。

❶ 一语双关,"迭部"既指藏语中的"最棒"的意思,又指他在迭部的恋人,在他心中是最好的、最美的。

延伸思考

1. 试分析标题的作用。

_____

_____

2. 赏析文章第五段的表达效果及作用。

_____

_____

3. 文中"他在说到这个地方时一声长叹，叹得我的心都苍老了一半。他那杆长嘴烟锅中的青烟厚如云彩，他的整个面部笼罩在烟雾中，辨不清五官"两句有何作用？

_____

_____

第三辑 寻常巷陌

天水古称秦州，西关多四合院，其形制由晋冀四合院衍生而来，古朴庄重，清雅宁静。从天靖山麓俯视西关，只见瓦楞森然，古巷幽长，市井之声相闻，俨然远离尘嚣而烟村罗列的边陲古镇。

【预测演练】

阅读下文，完成下列各题。（14分）

城之南，河之滨

①那一年藉河发大水，我站在河堤上看热闹。水流湍急，用庄子的话讲，有些百川灌河、不辨牛马的意思。藉河鼓起巨大的声浪，像开了锅的足球场，我甚至误以为她就是那条著名的渭河。和我同时站在河堤上看热闹的还有三年后当了乡村中学语文教师的崔彦青同学，他坚持认为这就是传说中的黄河。藉河、渭河、黄河，一组递增的等差数列。作为一条在水文正册中垫底的非著名河流，历史悠久又具有某种草根性质的藉河长期隐藏在渭河的身后，像渭河的一条小小的尾巴，和渭河盈缩与共、执手偕老。

②母校天水师院就在藉河之滨。站在教室的玻璃窗前望雨季

的藉河，很适合朗诵罗曼·罗兰《约翰·克利斯朵夫》的开篇："江声浩荡，自屋后上升。雨水整天地打在窗上。一层水雾沿着玻璃的裂痕蜿蜒流下。昏黄的天色黑下来了。室内有股闷热之气。"室内果然有些闷热，于是就去藉河边。水总是很大，水声谈不上浩荡，但至少也是滔滔不绝。如果是晚上，水中便有星星点点、明明暗暗的倒影，远处的菜畦像水墨画一样。可以听蛙声，或者风声，或者纯粹的水声。心情是愉悦的，有时是惆怅的。年少时除了轻狂，还有无关痛痒的伤感。伤感借水声会更浓，像少年维特之烦恼。

③学校的门牌号是滨河西路 60 号。新生入学指南中除标明门牌号外，还在括号里标注着一个很草莽的地名：豹子沟口。1994 年夏，接到那个差强人意的录取通知书后，父亲坐在门槛上，反复念叨"豹子沟口"，从他对天水的有限印象中寻找相对应的位置，最后迷惘地摇摇头。豹子沟没有豹子，只有树林。一位治文史的先生告诉我，某朝某代，城南水月寺中的和尚倒是养过一只豹子，和尚经常流鼻血，豹子蹲在他前面，仰面看他，等到鼻血流出来，就凑上去替和尚舔干。传奇往往很美。豹子沟口的路是砂石路，两侧荒草萋萋。除了校舍、低矮的民房、一家炒面馆和一家"红雨书屋"，还有一个 3 路公交车站。离车站牌不远，是一棵很大的槐树，或者榆树。从学校去市区，就得坐 3 路车。

树荫下等车的，常常是一对一对的情侣，他们若即若离，尚不敢公开拥抱，顶多两人的小手指缠绕在一起，互相看对方的眼神能灼伤失恋的人。3路车很破烂，咣当咣当，像一节火车。沿着砂石路向前，上坡、下坡、拐弯，晃晃荡荡，严防小偷，经过奶粉厂、铸造机械厂、电器厂、一师，经过南山体育场、供电所、塑料厂，经过台球桌、音像店、花圈店、馒头店、杂货铺，突然一个大拐弯，嘎地停下，右手是一个大陡坡，陡坡旁是南山家具城：石马坪到了。

④1997年，和我一起毕业的李福贵同学在南山家具城当业务员，他是我们班第一个找到工作的人，主要任务是卖家具。三个月来，他连一个床垫都没卖出去。好在他有一间宿舍可以栖身，托福贵的福，这间宿舍也收留了我。那是一间用铁皮做成的房间，像一个铁蒸笼。1997年，用奥地利诗人里尔克的话描述："夏天盛极一时。"天上好像有九个太阳，藉河几乎完全干涸了。这已不是秦州知州陶模（1835—1902年）笔下"其两涯畦圃罗列，沟浍相望，运春磨，灌蔬韭，为利滋大"（《藉河新堤记》）的那个藉河了，它分明是一条古河道，像一页干涸的历史。我们每天在铁皮房中脱得赤条条，拼命喝开水，吃西瓜，太京一带的西瓜好像专为抗击1997年的旱灾而局部丰产，虽然它们的个头还不如福贵的脑袋大。这一年是颠沛流离的一年，从南大街到石马坪的

区区弹丸之地，我换过五次宿舍，先后与四个同样落魄的同学搭档埋锅造饭。城里人似乎比乡下人更喜欢种田，藉河成为季节性河流后，河道里已自发形成了一片片的自留地，蔬菜长势尚可。日子过得很艰难，无米下锅时，我们还偷过田里的一棵白菜。当时曹文成在岸上放哨，我战战兢兢地前去一试身手。手伸向一棵硕大的白菜时，我感到整个天水市都在看我。得手后，我跑丢了一只鞋，不得不重新回头去捡。其时的人们沉浸在香港回归祖国的巨大喜悦里，那么大的国土都回归了，没人关注藉河里丢失了一棵白菜。后来成为曹文成夫人的宋慧君常常偷着从家里给我们拿菜，有时是几根萝卜，有时是一些茄子或韭菜。洋芋是永远的养命之物，一塑料袋洋芋从我的自行车后座坠落到南大桥上，整座大桥的人停下来看我狼狈地捡洋芋。那辆自行车后来在轴仪厂的宿舍楼上丢了，窃贼不详。一些小混混常常寻衅滋事，惹还是不惹，这是个问题。推土机停在八公司水暖队的平房前，在我搬离的脚后跟轰然作业。丁迟成支援我可用一个礼拜的20元钱，他在环保局对面开着一家"顶尖音像店"，生意尚可，迁移进城后倒闭。那年喜欢听黑豹乐队，其质朴、有力的温情具有骇人的感染力。罗大佑一直很流行，最小资的是那首《穿过你的黑发的我的手》。王小波的"时代三部曲"在青年南路的绛云书店上架了，一套三册58元，看店的是一个说着通渭话的和蔼老头，不打折。

唯汉人石刻，气魄深沉——石马坪的汉代石马有着简洁而饱满的轮廓，我常常去那里，直到半年后搬到公园路62号。

⑤公园路62号是我的福地，它使我不再是城市的一个客人，从此我与城市逐渐声息相通。这里原先是一个苗圃，至今还生长着巴山竹、白玉兰、樱桃、柿子等植物，品种繁多，绿意婆娑。距此一巷之遥，便是人民公园；向南，便是藉河——天水城南，藉水流焉，昔日垂杨夹道、小溪纵横，是芬芳桃花世界。民国之前的天水士子学人在杨柳楼台与清水白沙之处，纵情于水木，托言于山川，尽显读书人的胸襟和书生意气。清宋琬有"碧云草色合，素练波光明"之句；冯国瑞有"一亭结构奇，辇石覆古井。清溪浣纱人，绿杨蝉鬓影"之句。诗歌之外，童稚手中的蟋蟀、行人脚下的蚱蜢，都苏醒了，声声叫唤，一片野趣，城南气象于此可见。城南不仅是天水的肺叶，也具有浓厚的书卷气——古亭长堤、木杪斜阳，源头活水，宋琬在此使人筑堤，任承允、哈锐在此设局修志，冯国瑞、汪剑平、王新令在此煮茗夜话，便是失意的张澄之，也会深夜造访城南索居的冯国瑞，二人促膝围炉食胡桃，相对不作一语，兴尽乃去——这便是天水式的魏晋风度了。

⑥十多年来，我一直工作和生活在公园附近、藉河之滨。此地待我不薄，有恩于我——授我以学业的豹子沟口天水师院和苦我心志的石马坪。而此时此地，天水城南，藉河出平湖，是为天

水湖。市声灯影,水意融融,空气中分明有了一种润湿的感觉。"山路元无雨,空翠湿人衣"啊。我家正处于藉河北堤之畔,当我站在阳台上俯眺清澈明净如秋之长空的天水湖时,确能感到自南向北吹来的一股清新水气,让人浮躁顿收,狂心顿歇。

⑦狂心顿歇,歇即菩提。城之南,河之滨,水连芳草月连云。

1. 文中第四段引用《藉河新堤记》有何作用?请你对此引用进行详细的分析。(2分)

_____

_____

_____

2. 赏析下列句子。(12分)

(1)作为一条在水文正册中垫底的非著名河流,历史悠久又具有某种草根性质的藉河长期隐藏在渭河的身后,像渭河的一条小小的尾巴,和渭河盈缩与共、执手偕老。

_____

_____

_____

（2）那是一间用铁皮做成的房间，像一个铁蒸笼。1997年，用奥地利诗人里尔克的话描述："夏天盛极一时。"天上好像有九个太阳，藉河几乎完全干涸了。

_____

_____

_____

（3）清宋琬有"碧云草色合，素练波光明"之句；冯国瑞有"一亭结构奇，辇石覆古井。清溪浣纱人，绿杨蝉鬓影"之句。

_____

_____

_____

秦州背影

名师导读

　　秦州目前隶属于甘肃省天水市，是一个历史悠久、文化深厚的地方。作者在写秦州的样貌时，分别从"西关人家"和"食客三千"两个部分来展开描写。西关四合院中的郭老因为古巷的消失，而使"我"无处寻觅。血红血红的小吃"呱呱"、令食客趋之若鹜的刘记肉夹馍、院落里的老者们、鱼贯而入的食客，无一不构成秦州大地的风景。文章用词婉约、典雅，作者用古语、古词来增强文章的文学性，使人感受到秦州的古朴，同时对西关人和美食的描写使人感受到秦州当地的特色。

得半日之闲看秦州背影，可抵十年尘梦。

——题记

西关人家

天水古称秦州，西关多四合院，其形制由晋冀四合院衍生而来，古朴庄重，清雅宁静。^①从天靖山麓俯视西关，只见瓦椽森然，古巷幽长，市井之声相闻，俨然远离尘嚣而烟村罗列的边陲古镇。

❶ 从俯视的角度进行景物描写，把西关尽收眼底，写幽静的边陲古镇，表达了作者对这一方土地的喜爱之情。

这四合院中究竟住着怎样的人家？

我想起了一位西关的老人。去年秋天，我在离伏羲庙不远的旧书市场见到一本 1958 年首版首印的《鲁迅全集》第 10 卷，摊主索价 10 元，我有些犹豫，便问身旁一位戴老式花边眼镜、穿中山服的老先生，想让他裁决一下，老先生嘻嘻而笑，并不谈价钱，却吟了两句诗：^②"从来英雄都遭谤，文满乾坤不济贫。"我暗吃一惊，忙请教端详。老先生说："鲁迅的书，你若喜欢，花多少钱都可以；你若不喜欢，送你都不会要，从来没有听说谁凭学问发了财的。"我收藏鲁迅著作及其研究资料的各个版本已初具规模，鲁迅的书自然是要的，便不再讲价，请先生在

❷ 老者既表达了对鲁迅的尊敬，又表达了自己对文学与贫富关系的认识。同时，通过这句诗，塑造了一位儒雅、理智的老者形象。

书后题了他吟出的两句诗。^①先生颔首微笑题了诗，又签了名，还写了住址，说，你这年轻人如此虚心必成大事。我就高兴了，看他站在那儿手悬空写出的字却灵动飞逸，有如游龙惊鸿，使我心存亲近之念。先生姓郭，而住址便是西关三新巷。

郭老说他家世代在西关居住，我说我正要采集有关西关的民风民俗呢，他便欢迎我去三新巷聊天，看他的书画、古董和旧书，说一些天水的老故事和老传说，我有与他交往的兴趣了。于是我们就握手，我觉察到郭老极快地捏了捏我的手指骨，知道他窥探到了我宿命中的某些信息。果然他说，你要防止被小人算计，还要防止心脏病。我又暗吃一惊，我的心脏有微恙，我也经常被暗处的小人吐出的蛇信所害，它们是我生理和心理上的两大"软肋"，今日不幸被郭老说中了。人的命运不完全在掌纹中烙着，但我深信人身上是有某些没有被破译的密码的。不远处即是开天明道、肇启文明且创制了八卦的伏羲氏的寝宫，他是一位天眼洞开的智者和圣者，他让远古的秦州有着希腊神话般的绚烂色彩，那里出现了一种混沌初开、蒙昧初启的迷者的醒悟且薪火

❶ 动作描写，通过"颔首、题、签、写"等动词，写出老者手悬空写字的模样，刻画了一位儒雅、有学识的老者形象，表达了作者对老者的敬重之情。

❶ "语无伦次"贬词褒用，用"语无伦次"来形容天水的历史文化，仿佛在说天水人在表达上不够精确和完善，然而作者却不以为意，认为这种"语无伦次"使天水更加神秘。

相传至今。① 当人人都在说天水历史文化的深厚积淀却有些语无伦次的时候，我却突然意识到在西关邂逅的这位郭老是秦州历史文化的一个密码。

我准备了长镜头的相机去拜会郭老，到了西关，却见到处断壁残垣，遍地瓦砾碎石，犹如战乱中的耶路撒冷。临街的墙上用墨汁写了斗大的"拆"字，施工车正轰然而作，西关片改造已开始数日了。我去了三新巷，巷子尚在，古槐也在，郭老却没能找到，不知他是否已经迁走。天水城市不大，却有足以淹没郭老的浩大人群。我站在巷口，想到了一个本雅明式的主题：个人消失在都市的声浪中，他的名字、面目和思想荡然无存。

这天下午，我踏访了西关所有的古巷和比较完整的四合院，我害怕它们和郭老一样在一夜之间消失。西关片部分地消失的时候我却不能报以"国骂"，毕竟，保护和建设之间始终有一个二律背反的哲学关系，这尤其让我内心感到持久的焦灼和矛盾，我只有让相机辅助我的记忆，让我在物质与人群的迷宫构筑一个属于西关人家的词语之城。

我感受到了西关人家的繁复和美丽。意大利作家卡尔维诺笔下向忽必烈汗讲述远方城市的马可波罗一定有我这样想精密复杂地堆砌词语的冲动，那些幽坊小巷，如白家大园、孙家大园、勤劳巷、务农巷、飞将巷、折桂巷等，举之十数仍然意犹未尽。

沿一条繁忙如《清明上河图》般的街道往上走，斜转个弯，顺着青砖灰瓦的马头墙进入小巷，一箭之外的滚滚红尘立刻被隔绝。①巷中传来了或疾或徐的脚步，让人想起余光中的诗："哒哒的马蹄犹如莲花的开落。"

❶ 引用余光中的诗句，使"街道"也沾染了几分诗意，让人身临其境，增加文章的文学性。

一棵老枝如虬的槐树守护着深深的庭院，其冠大如华盖，树干已显中空，而树影扶疏，满地金钱，树下纳凉的，是面带宁静淡泊之色的老者，他们手摇扇子，或者不摇，下棋，喝茶，打牌，聊天，得半日之闲，便抵十年尘梦。

西关人家巷间相连，声色相通，②沿一条青石筑路的小巷，一路逶迤进去，看见尽头一个大门，山重水复疑无路，其实转弯即豁然开朗，柳暗花明又一村；看见尽头有岔口，以为必可通过，其实是死角，守着死角的院子偏要如下围棋一般讲究活路。院落和门道不厌其烦地曲径通幽，别有一番天

❷ 按照空间顺序，写小巷曲折宛转，勾勒出一个神秘的西关人家的巷子，引发读者对西关人家小巷的无边想象。

地。巷中人告诉我，这条"务农巷"，又叫"诘人巷"，天水方言中，"诘人"即难为人、与人作对之意。一条民间古巷，全然随心而建，却又退可守城进可攻敌，若要埋伏千百雄兵，那就单等有人振臂一呼了。但这巷中并没有住过将军，却住过一个写过回文诗的东晋才女苏蕙，巷中人都知道苏蕙，而苏蕙的织锦台藏得太深，曲曲折折如入迷宫，使人怀疑她的回文诗受了巷道的影响，正如伏羲画卦受了九曲渭河的影响一样。一位中年妇女热心着要给我领路，七拐八折地走了半晌，指着一间民房说，这就是那女子的住处。又补充说，公园旁有一尊像，塑的就是苏女子呀。于是转身走了。① 我便在苏蕙的古织锦台遗址旁吟了清人的诗句：莺花古巷秦州陌，云是苏娘旧时宅。

❶ 引用苏蕙的故事，使文章更具有文化色彩和民俗风情，体现巷子文化的悠久历史，以及巷子对人的思想创作的影响。

杨家大园有一老妪踽踽而行，慈眉善目的，问及大园院落历史，老妪懵然不知所以，只叹："老古时的院子了。"就径直去巷口晒太阳。转过拐角见院门口有一丧联，联文为：山中霖雨及苍生，天上列星沉处士。立刻意识到那老妪今天在巷口晒太阳，明天也许就会故去的，也会有挽联贴在她的门上。

巷子中好几家都贴有白挽联，门楣上的丧联让人感到了院子的苍老。一个老人接一个老人离去了，每故去一人，巷子就老一圈。

三新巷的古槐下，白发人与黑发人在吵架，白发人说："我在巷中住了80年了，从来没有和谁胀过气，今天却和你胀气了。"黑发人说："你一个老人，嚼什么舌根……"① 于是白发人就哭起来，老泪纵横，声带呜咽，状若孩童。于是又过来一个白发人，训斥着黑发人，用袖口替白发人拭了泪，搀扶着走了，看热闹的发一声喊，四散开去。槐树下再无一人，我抬了头要看古槐上的喜鹊窝，可惜没有，所有的喜鹊窝这两年都消失了。

飞将巷长不过百米，宽可撑臂而行，有"勤俭第""衍世泽""永怡居"等院落，巷中人都会背"但使龙城飞将在，不教胡马度阴山"，似乎这是飞将巷的口令。我没有想找李广后代的意思，李广难封，我不愿见到他的后人面对祖先时的尴尬。巷口玩耍的小男孩和小女孩，当然是青梅竹马，他们齐声说叔叔好。我便摸了小女孩的头问他们是谁家的孩子。小女孩说："我是卖菜家的。"又指着小男孩说："他

❶ 作者笔风简洁、字字凝练，仅用12字就生动形象地描绘了老人哭时的神态，描绘出一个十分可爱的老人，使人感觉这老人仿佛和这古巷一般久远且惹人怜爱。老人仿佛是巷子不可分割的一部分。

是卖馍馍家的。"我哑然失笑，却直夸小孩聪明。

我拍了一所院子的全景，这是秦州连续两进的四合院落，与北京四合院相比，更具西北边地的人文习俗和地理特色：正门悬的是"勤俭第"等额匾，以砖石结构为主，朴素大方，含蓄收敛，除了门庭高大、气势飞动外，与普通院落无异。① 进得正门，迎面是镶有砖雕花卉的水磨砖照壁，庄重典雅，依然保持着一种沉稳，照壁上的砖雕和瓦当有口有眼，俨然大地湾出土的陶罐，但口眼不怒自威，而通往庭院的中门却陡然间繁丽起来，各种款式花色的镂空花卉木雕装饰着单拱式垂花大门，砖雕和木雕一静一动，一含蓄一威猛，整体上典雅古朴，庄重大方，达到了审美品格上的均衡效果。

❶ 景物描写，写照壁上的砖雕、大门和花卉木雕，描绘了一个古朴、文雅的小巷院落，表达了作者对这一方院落的喜爱。

四合院中房舍游廊回合，出檐深远。② 青黛色的素洁的瓦阵如瀑布般从四个方向泼向庭院中央，稀疏的荒草的断茎在风中摇曳，如同遗落已久的儿时的梦境。若有骤雨而至，屋面烟雨如尘，院内雨打阶石，有说不出的妥帖和安闲。瓦阵之美，不在飞扬，而在宁静，而檐牙高啄的屋角，其美却在灵动。

❷ 动态的景物描写，通过瓦片、断茎、下雨时的情景等景，渲染了四合院中幽静、灵动的气氛，表达作者对这样的情景的喜爱。

院中单檐悬山顶，木结构砖墙，斗口出抄，直棂隔扇，所有木构架均为典型的清式体系，檐柱、阑额、普柏坊、斗拱、耍头一应俱全。侧门是花瓶形的，并在门顶上刻了一束兰草。

四合院中主房高居台基之上，坐北朝南，门面上刻绘着福禄寿，有"画栋朝飞南浦云，珠帘暮卷西山雨"的感觉。<u>①侧房则顺势而建，对主房呈环抱之势，整个院落庄重和谐，与自然融为一体，沉稳宁静犹如唐代的骈文。</u>

宁静，是天水西关的灵魂。

将近中午，绝色的天水女子开始从车流如注的西街返回巷子，门环呛啷之声此起彼伏，不一刻便消失在某一座高高的院落中。我出得门厅，从青石阶上下来，轰然有大家风范，踌躇满志犹如员外。远远地见这所民居的屋脊却安装着螭首正吻，有龙腾虎跃之象，始而一愣，继而恍然大悟：清末皇权衰落，建筑制度渐次混乱，朝廷对远在西陲的秦州<u>②鞭长莫及</u>，秦州本是奉天承运的风水宝地，这民居便显露出帝王宅地的气概来。

❶ 运用比喻的修辞手法，把由主房与侧房构成的整个院落比作唐代的骈文，表明了房屋的整齐与庄重。

❷ 鞭长莫及：指因为距离遥远而无法顾及、管辖到。秦州的建筑精美很大程度上是因为距离京城遥远，所以呈现龙腾虎跃之象。

食客三千

秦州多小吃，小吃必以"呱呱"为尊。呱呱用荞面加工而成，相传是西汉末年隗嚣的御厨逃离皇宫隐居在天水时带出来的御食。一碗血红血红的呱呱被秦州人百年不变地作为早餐，其重要地位几近战后日本人的一袋奶。外地人实在无法理解秦州地理上的江南气息和秦州人吃相上的蛮荒倾向之间的巨大反差。常见赶早上班的姑娘出现在巷口，^①她的唇上是涂了膏的，身材是挺拔的，脾性是可人的，却提了一袋呱呱，倒上半碗血红的调料，搅拌匀了，并不佐以面饼，便旁若无人地往口里填，吃相似乎不雅，其实大俗大雅。秦州的女子是用呱呱的调料泡大的，她们皮肤光洁，性情温润，辛辣之物全然奈何她们不得，倒好像是她们生活的养料。

常记呱呱在秦州是出了名的，食客如云，非止三千，调料是一桶一桶担来的，呱呱是一盆一盆抬来的，摆在街上，取食时首先把块状呱呱捏成糊状盛于碗中，再把调料搅得如旋涡般旋转然后飞快地泼在呱呱上，这样^②一碗接一碗盛下去。坐在长条

❶ 外貌描写和动作描写，写出秦州人温雅的形象和吃相的蛮荒，形成强烈的反差，之后再以"呱呱"为例来进行说明。

❷ "一碗接一碗""一茬又一茬"，说明吃呱呱的人数之多，也写出店里生意之火爆，表明秦州人对呱呱是真的喜爱。

椅上的食客换了一茬又一茬，老板行动如风，伙计训练有素，眼看着一大盆呱呱底子朝天，而老板又在呼喊着"再去抬一盆呀"。

有人嫌呱呱不卫生，又是乱摆地摊，又是有毒塑料袋，又是收了钱的手直接伸进盆里捏呱呱，人大代表和政协委员开始在"两会"上呼吁加强对食品卫生的管理，并建议发明一种特制的工具把呱呱从块状捣成碎糊状。后来，摊位是集中管理了，但食客还是喜欢那些被城建监察大队赶到偏僻小巷的地摊吃呱呱；卫生情况也好转了，但食客普遍反映呱呱还是用手捏碎的香，就好比那刚下树并沾着白色绒毛的李子，若用水洗了进食，干净是干净了，就是多了一股水味，少了一种芬芳。孙猴子吃人参果，还不兴用金箍棒捣呢。

吃呱呱若不讲究从哪个巷口哪个地摊吃的，就好比喝茶却不通晓茶道，不懂得曹雪芹所谓①"宝鼎茶闲烟尚绿，幽窗棋罢指犹凉"之意境的。但也有不以为然而强调其他感觉的。我住的巷口有一家呱呱摊，摊主是一位老者，戴花镜，行动慢条斯理，目光冷漠孤傲，他摆摊并不打谁的旗号，只把一套

❶ 引用诗句增加文章的文学性，诗句营造了一种讲究、文雅的氛围，如同吃呱呱一样，大家也都是有讲究的。

❶ 动作描写，"捏""泼""接""揣"四个动作生动形象地写出老者制作呱呱和收钱时的动作，写制作时的精细，表明作者对老者制作的认可。

黑黑的桌凳橱柜摆在那儿，如姜太公钓鱼一般候着。有食客来了，<u>①老者仍然慢条斯理地捏碎呱呱，泼上调料，接过钱揣在怀里</u>。有食客又来了，当然要嘀咕他那只手是刚拿了钱却又伸进盆里为他捏呱呱的，老者就生气了，说不干不净，吃了没病，想吃就吃，不吃拉倒！倒似食客做错了什么一般，食客就不吭声了，埋头便吃，老者还在数落，目光清澈而深远：我这摊摆了一辈子，从没害死过一个人！老者说的是地道的天水方言，有舍我其谁的感觉。从未见过如此孤傲的呱呱摊主，食客感到新鲜，第二天照来不误。老者的摊小，呱呱也少，一上午卖二三十碗尔，食客亦二三十人，相对固定，从不挪摊。时间长了，老者与食客之间有了某种默契，食客吃呱呱便好像是到老者跟前去点卯。我是不爱吃呱呱的，那天却鬼使神差要买老者的一碗呱呱，老者从眼镜上边冷冷地瞅着我："说只剩一碗呱呱了，还有五个人没来呢，给你不买！"

早餐吃呱呱，午餐晚餐吃什么？有人仍然吃呱呱，有人坐了车去酒店，还有人径直奔一家肉夹馍老店，那儿依然食客如云，非止三千。

明明是馍夹肉，为何偏叫"肉夹馍"？我怀疑这是古汉语中名词的被动用法了——肉被馍夹着。① 秦州方言中有十分美丽而形象的词汇及奇特的古汉语句式，如把水桶叫"下井"，把人的言行举止叫"走首"，把无赖叫"死狗"，把长得好看叫"心疼"，等等。甚至残存有宋元句式，② 如把倒水叫"溅水"等。关汉卿《窦娥冤》第三折中窦娥道："今日赴法场典刑，婆婆，此后遇着冬时年节，月一十五，有溅不了的浆水饭，溅半碗儿与我吃……"如果在秦州你听见有人管父亲叫"达达"，你该马上明白，那是元朝蒙古人遗留下的称谓。仅此一点，可看出秦州古风悠长。

软馍夹软肉的肉夹馍有中式快餐的特点，其汤汁为陈年老汤，秘方从不外宣。秦州刘记肉夹馍老店从光绪年间至今已百余年了，熬肉的汤汁百余年不断，一茬套一茬。在门口问伙计汤是怎么做的，伙计说不晓得，满脸的神秘。偶尔见到了熬汤的老爷子，七十来岁年纪，慈眉善目，并不胖 ——熬肉之人应当胖而脏得像胡屠夫一样才是——戴一顶八角帽，衣着洁净，像退休的老干部。食客问祖上几

❶ 介绍不同词汇里秦州方言与普通话的差别，引发大家对秦州文化的兴趣，同时增强了本文的民俗特质，增加文章的可读性。

❷ 引用《窦娥冤》里的话来佐证秦州人是怎么说"倒水"的，增加文章的可信性，同时引用关汉卿的《窦娥冤》增加文章的文学性。

代人熬汤，老爷子丝毫不得意，淡淡地说："百余年吧，我爷爷、我爸、我，三代了。"说起三代，似乎是三年。

店是老店，肉夹馍兼营面食，伙计并不叫喝，墙上挂一个牌子，安民告示般地写着炸酱面大碗三元，小碗二元五角，肉夹馍每片三元等。卖票的小姑娘在看杂志，见到有人来便问："吃啥？"然后掷过来一个三角形黄色塑料片，是肉夹馍，又掷过来一个麻钱般大小的铜牌，完整的是炸酱面，锯了豁口的是排骨面，铜牌拦腰一截的便是小碗了。

炉子上温一铝壶面汤，刚在长条桌边坐定，伙计提起油光锃亮的铝壶，不由分说冲了一碗面汤。中国饮食讲究"原汤化原食"的整体主义美学原则，先敬你一碗面汤，也就是先预备了一个让你消食的环境。早上去，面汤尚清澈见底，晚上去，面汤已形同稀饭。据说他们每天要卖掉两袋面粉。

一碗面汤下肚，胃里热乎起来。① 伙计端上饭和馍，手脚麻利，指甲修得干净，绝不拖泥带水，若是其他饭馆，或许伙计的半个大拇指就浸泡在汤里，而指甲缝里又是经年未洗干净的甲垢。

❶ 运用对比的修辞手法，把这家饭馆的伙计干活的样子与其他店相比较，突出这家店伙计干活时的讲究，表达作者对这家店的喜爱。

店里弥漫着新鲜大卤肉的香味，若是肋条肉，则更是肥而不腻，味美醇香。王了望曾为饭馆题联"汉三杰闻香下马，周八士知味停车"，用在此处确矣。至于兼营的面食，发酵得当，多筋骨，有柔力，又有卤肉汤秘密的催香之气，竟然使得一茬又一茬的食客来了又去，去了又来。所谓布衣暖，菜根香，读书滋味长，或许正是生活三味，值得三千食客咂嘴之后细细思量的。

① 食客鱼贯而入，又鱼贯而出，伙计面无表情，纯然一种来去自愿的意思。而不远处的饭馆前，戴着厨师帽的大师手拿擀面杖破口大叫："炒麻食、烩麻食、臊子面、炝锅面、担担面……"他们焦灼地去拉食客，食客便笑了，说这民间版本的秦州，真像一台古戏呀。

❶ 正面和侧面描写相结合，正面描写食客，像鱼一样接连不断地进进出出，形容店内生意火爆，人络绎不绝。侧面描写店内伙计对来来往往的人面无表情，认为这样的状况是常态，凸显了店内生意一直很火爆的状况。

延伸思考

1. 本文分别从哪些方面来描写秦地背影的？

2. 请分析作者对秦州的情感。

_____

_____

3. 请说明文中所使用的小标题的作用。

_____

_____

西关有瓦当

名师导读 ▶

本文从西关巷角的"福"字瓦当模印起笔，谈论瓦当的"人"字坡顶所体现的柔婉谦卑的东方哲学的意蕴和文化意蕴。瓦当不仅体现东方的文化，而且还可以营造出清幽的意境。一场雨降落在具有弧度的瓦当上时，雨溅落形成晶莹的玉珠，这雨后的场景令人过目难忘。本文秉承作者薛林荣一贯的散文风格，文章典雅清丽，极具理趣，使人不禁想要前往一睹雨后的西关瓦当。

我去西关折桂巷捡瓦当。那块置于巷道墙角的"福"字瓦当模印饱满，字正腔圆，仿佛还是康乾学派研究过的那类文字瓦当。

可是它为什么躺在墙角呢?

我抬头看巷道里的青砖青瓦马头墙,发现一处屋脊缺失了瓦当。一排整齐有序的瓦阵因为这块瓦当的缺失,看上去有些像老人的豁牙。

① 我明白,折桂巷老了。

折桂巷是老了,当我关注她时,她已经被拆掉了一半,只留下半截浅浅的巷道。她傍邻着飞将巷,和"飞将"二字神勇威悍的语韵相比,"折桂"二字,更显出一种文人的典雅。

折桂,折桂,这是一个曾经有状元及第的巷道吗?② 白居易"桂折一枝先许我,杨穿三叶尽惊人"的欣喜之言,还挂在巷中某个书生的嘴边吗?

不,面前的半截巷道,更像一个名落孙山的落魄书生。卢纶有诗:"独归初失桂,共醉忽停杯。"多么寂寥,又多么扫兴啊!

我捡来了折桂巷的"福"字瓦当,如同捡来了西关人家的一支羽翎。我将它作为西关民居的文化标本,礼奉于书房。

从此,西关那一面吐水疾远的人字坡顶下凹重檐曲线如优美的喜马拉雅雪松,让我久久驻足难移。

❶ 运用拟人的修辞手法,把折桂巷拟人化,生物体有年轻和年老之分,而物体只有新旧之分,表达了作者对折桂巷旧去的惋惜。

❷ 引用白居易的诗句,增加文章的文学性。

① 英国著名学者李约瑟博士曾感叹道："中国古代的建筑匠师，恰恰在一条下垂的曲线上完成了他们的屋顶结构，好像他们根本不懂得重力的存在。"李约翰博士此话的文化背景是：在西方近现代的科技理论中，建筑结构预应力的概念正式提出已有两三百年，实际应用也超过了一百年。这一概念表达在建筑语言上，就是下垂的屋檐应做成上弓形，用以抵御向下的重力影响，于是我们看到了哥特式建筑直刺苍穹的塔顶、经典的古典建筑中半球形的穹顶和陡直的屋面坡顶，看到了一种与天空相抗争又相衔接的西方审美之根。

② 而我们眼中柔婉的下凹屋面曲线，则更多地表达出道法自然、与自然相和谐的谦卑，是东方哲学思想的物化形态。它固然也有斗拱飞檐，但那向上翘起的力量更多的是与天空无言而友善的对话。

西关民居屋顶曲线，既然受东方哲学和中国传统审美价值观念的约定，那么它蕴含的充满动感的力量也一定是传统工程作法的产物——屋顶曲线，③ 靠近正脊的地方最陡，一般略小于45°；屋檐处最平缓，一般小于20°，中部屋顶在两者之间，形

❶ 借用英国学者的话，阐明西方哥特式建筑原理，以及他们对东方下垂式屋顶的不理解。东西方两种建筑文化差异的根源在于思想观念的不同。

❷ 运用对比的修辞手法，把东方和西方的文化相比较，突出东方文化中包容、以和为贵的道家思想体系，同时传达出作者对东方文化自豪感，强调以和为贵的东方传统文化。

❸ 两个"一般"，体现了作者用词的严谨、精准，"一般"的意思可以理解为"大多数情况"，房屋最陡的地方大多数是略小于45°的，也有可能超过45°。屋檐最平缓的地方一般小于20°，但有时也可能大于或等于20°。

成自然连续的弧线。工程理论上将这一最有利于自然排水的下凹曲线称之为"最速降水线"，宋代所谓的"折"，清人所谓的"举"，都对屋面曲线作了详细规定。

于是，顺着这一下凹的曲线，建筑结构预应力的近现代西方科技理论隐藏了，民居两面下凹的屋顶由一条屋脊连接起来，恰如一个"人"字。它是建筑的社会化层面，是自然和人文的相得益彰。

谁又能否认民居不是靠着"人"字坡顶的屋面实现一种东方精神的飞跃呢？因为有了这条曲线，有了构成这条曲线的瓦当，于是瓦当就成了民居的精神旗幡，成了一座千秋院落的羽翼。我站在三新巷的高处，脚下是千万瓦片，它们出自红如山花烂漫之野的砖瓦窑，^①在宋代由国家颁布的《营造法式》、明代江南地区盛传的《营造法原》及清朝宫廷编制的《清工部工程作法则例》等千年来更趋规范和统一的建筑理论的指导下，如诸神即位一样落座于人家屋顶，成片的屋脊和成群的屋面像悠远的石板路，又像一支幽兰，宁静、旷远，秋高气爽，天净沙白。

如果恰有一场雨袭来呢？

我邂逅过这一场突如其来的雨，或者说，我站

❶ 通过列举制造砖瓦的专业书籍，增加文章的知识性、学理性，使文章更加具有理智的光辉，充分体现了学者散文的特点。

在西关的制高点上，手搭凉棚，注视着一场由远而近的瓢泼大雨从东南方向驰向西北方向，顷刻间覆盖了西关的泥灰瓦面。

多么动人的雨，① 它们在瓦屋的曲线上溅起碎琼乱玉，有如琴声自鸣，屋瓦吐水疾远，射于卵石铺就的滴水窝，四方合流，汇于院墙西角之水眼排出院外。水走了，却将湿润留在屋檐上。

每当想起雨，就想起了雨中的一排瓦。

当一排瓦遇到了一场雨，瓦就活泛了，就如同我遇到的西关的雨，就如同电影《英雄》中棋馆对弈时的那场雨——那组镜头，堪为中国电影镜头美学的首善之作：② 偌大的水缸，顺着优美弧线被放慢了速度的雨滴，清脆如空谷鸟鸣的滴水声，棋盘上漫不经心的黑白棋子，杀伐而伤感的古琴，盲眼的琴师与意念中决斗的高手……这一切，借一座被雨包围了的青瓦的棋馆成就了气候。

西关有瓦当，③ 瓦有遮风避雨之用，它是庭院的斗笠蓑衣，也是西关的一片羽毛，是庭院精神与哲学的寄托之羽。以瓦为羽，瓦当就不再是瓦当，而是西关烟井万家的遥远背影。何况，青瓦中有一种宁静的天籁，它大音希声，使我在书房中常常幻

❶ 运用拟人的修辞手法，把雨和瓦片拟人化，写雨水如自鸣的琴声，屋瓦好似人一般会吐水，描绘了活泼可爱的雨水和屋瓦。表达了作者对下雨时屋瓦的喜爱。

❷ 放缓速度的雨滴和漫不经心的黑白棋，这些给人舒缓的感觉，而杀伐伤感的古琴则给人一种压迫感，缓是为了凸显张力，用文字语言描绘出紧张的镜头语言。

❸ 三个"是"形成排比，瓦是蓑衣，是羽毛，是精神和哲学的寄托，说明了瓦的重要作用。

听到西关的檐雨之声。清儒有言："听瀑布，可涤蒙气。听松声，可豁烦襟。听檐雨，可止劳虑。听鸣琴，可息机营。"我不能每日听檐雨，但我可以每日注视青瓦，从中听到悠然清韵，果然止息劳虑。

如果折桂巷消失了，折桂巷的雨声还留在这块瓦当里呢！

延伸思考

1. 第十自然段和第十一自然段在内容上有哪些联系？

_____

_____

2. 请你说明文中"如果恰有一场雨袭来呢？"一句在文章结构上有何作用？

_____

_____

3. 为什么说"如果折桂巷消失了，折桂巷的雨声还留在这块瓦当里呢"？

_____

_____

共和巷的下午

名师导读 ▶

　　本文写的是作者去西关的共和巷拜访冯国瑞故居时，见到了一位年老而不失优雅的老人周贞吉——冯国瑞的长媳，作者从空间结构对冯宅布局展开讲解，描绘出的冯家不仅仅是文雅的，同时又是亲和的。冯家厨房的韭菜面点更体现出书香府邸的生活气息。作者对冯家不仅仅是内心的尊敬，还从内心感到十分亲切。本文具有学者散文的特色，兼有叙事、抒情、写景，使文章更具有文学性。

　　陇上文宗冯国瑞先生的故居在共和巷 33 号院，本不属于西关人家，但冯宅在东关的高楼包围中显得形单影只，故也将其纳入"西关人家"，以求天水民居气息通畅之谓也。

共和巷的下午，斑驳高墙上阳光繁盛，暮春带来温暖的消息。从汽车站去单位，①我无数次经过这个巷道，它南北向连着两条城市交通干线，像城市中的一条秘密通道，似乎专为行人提供避开车辆的捷径，架子车和三轮车夫深谙此理，他们每每穿越共和巷，合情合理地将家装材料输送到城内某一户人家的楼下。

冯国瑞故居在共和巷西侧另一条更小的巷道之北，进了屋宇式大门，迎面是砖雕影壁，二门的形制与风格却迥异于天水普通的垂花门：这是一座砖木雕刻的拱形门，和北京的京师同文馆的大门有些相似，颇有西洋建筑的意趣，其顶部向上的"人"字曲线显示出一种与天空抗争又对话的渴望。我不懂建筑，不知道中式影壁配着西式拱门的冯宅是不是天水民居的一个特例。

我在冯宅第一进院子中拍落在甬道上厚厚的一层花瓣，风过处碎花落颈，煞是一番绝好春光。②于是吟了冯国瑞先生的诗："落花如雪大如席，一时消歇有如此。"又吟了"雨浓花暖正春暮，旧时

❶ 运用比喻的修辞手法，把"巷道"比作秘密通道，生动形象地写出了这条巷道隐秘、不易被人察觉的特点。

❷ 引用诗句，增加文章的文学色彩，引起读者阅读兴趣。同时引用冯国瑞先生的诗句，也能使读者走进冯国瑞，更加了解冯国瑞的人物性格和志趣。

巷陌成近忆"。想起前几年抄录冯国瑞《绛华楼诗集》时，只觉其诗清新明快，不料置于此时此地，始悟其诗"涧底流莺"之妙。

进得第二进院子，见"冯国瑞故居"的横匾下，一位老人正危坐修身。① 她头发白如银雪，而神色慈和，一望即有娴静之美。我说，您是周老师！她的笑容于是绽放如前院之花，满院春色此刻更酽。我知道她是冯国瑞先生的长媳周贞吉。去岁参编《天水名札》时，我看到了任继愈、季羡林、史树青、张舜徽诸大家与周贞吉老人的通信，对周贞吉老人整理冯国瑞《绛华楼诗集》多有赞誉，即知其人孝思不匮，与冯国瑞门生张举鹏等一道承担了纂拾遗著之重任，不由肃然起敬。

共和巷的下午，我和周贞吉老人在冯宅大院的廊檐下拉家常。她居然知道我的名字。这个院子之安静，使人想起"陶潜三径"之类的隐居之所。冯国瑞有诗"幽静谁寻车马静，午阴贪坐薜萝新"所吟应当就是这种幽静，好比李清照"小院闲窗春色浓，重帘未卷影沉沉，倚楼无语理瑶琴"的意境。但这里没有瑶琴之声，只有一个老人说话的声音。如果还有声音的话，那应

❶ 运用外貌描写和神态描写，"头发白如银雪"的周贞吉，虽然头发已经如银色的雪一般白，但是慈祥、柔和的神情给作者一种亲近的感觉。

109

当是花开的声音、绿叶舒展的声音。

我和老人不紧不慢地聊着，又参观了冯国瑞故居陈列室。我觉得，冯国瑞之为一代陇上文宗，一方面是他延续了明清以来秦陇之文教失搜带来的濒临中断的文化气脉，另一方面是使麦积山走出了草堂春睡。其之为"宗"，陇上学人心悦诚服。今看冯国瑞著作，尤其是看其刊印于不同时期的《麦积山石窟志》，更觉他是麦积山石窟的掌灯人，他手中的灯盏照亮了密如蜂房的洞窟。

① 最后，周贞吉老人推开堂屋的一页隔扇门，带我去看后檐廊。

那儿其实是冯家的厨房。

共和巷的下午，将近五点，冯宅的晚饭差不多已经准备停当。他们在做韭菜饼，包好后置于油锅煎熟。这是一道传统的天水小吃，在我眼中，它代表着天水式点心的精华：精致而又实用，是一种味蕾的寻根。韭菜芽之初发，极具清香，用才子**②**李渔的话讲，"是其孩提之心之未变也"。于是韭菜饼作为一道面点，寄托着一个古老城市中居住的人们用以消受长日的饮食方式的精粹。

❶ 空间描写，详细具体地说明冯家的内部布局，堂屋、后檐廊和厨房是冯家的内部景象。

❷ 李渔，明末清初文学家、戏剧家，世称"李十郎"，被后世誉为"中国戏剧理论始祖""世界戏剧大师"，主要作品有《闲情偶寄》《十二楼》等。

我去冯宅看民居，不料看到了这座城市饮食生活的细节,这无疑是意外收获。当年周作人抱怨"住在古老的京城里吃不到包含历史的精炼的或颓废的点心是一个很大的缺陷"，而天水的这个书香门第，在那些写满书法的隔扇门心板后面，韭菜面点的香味扑鼻而来，沿袭着一股经世流传的生活芬芳。

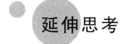

延伸思考

1. 共和巷的故事是从哪里开始展开的?

_____

_____

2. 文章尾段，引用周作人的话，有何作用？

_____

_____

3. 赏析"冯国瑞有诗'幽静谁寻车马静，午阴贪坐薜萝新'所吟应当就是这种幽静，好比李清照'小院闲窗春色浓，重帘未卷影沉沉，倚楼无语理瑶琴'的意境。"

_____

_____

安远镇

本文按照作者游览安远镇的历程来展开叙述，在作者印象中，安远镇是苍凉、雄阔的山巅之地；在作者到达安远镇后，却发现安远镇一马平川。作者在安远看到了注重孝道的王老师，哥特式建筑风格的安远小学，当街豪爽的人们，集会上嗜茶的安远人，以及铁匠铺，这些使安远在作者的脑海中丰富了起来。在离开安远之时，王老师的爱人做了浆水面来招待他。本文虽为散文，然而脉络清晰，内含一定的逻辑性，形散神不散。

❶ 首段交代安远的地理位置、历史，吸引读者，引起读者阅读兴趣和对安远的好奇。

① 安远是甘肃天水西边的一个千年古镇。

我很小就知道安远，那是脚力较好、脚程较快的老家乡亲们常常光顾的一个集市，他们在那里出售山货，然后带回铁器。提到安远，我首先联想到的是安远铁匠。

但我从未去过安远。想象中的安远应当如电影《双旗镇刀客》中的那个古镇一样，坐落在山地之巅，苍凉、雄阔，偶尔还出产除铁器之外的一两个刀客。据说宋朝的杨文广还在安远筑寨驻军，这更坚定了我把安远当作另一个仇池国的想法。等汽车经过甘谷县城向北行驶，仅仅20分钟后从柏油路向右一拐，同行的李老先生告诉我们安远到了时，我才惊奇地发现，安远并不是坐落在山地之巅，而是处于一马平川当中——渭河上游的这个土田饶沃的小平原，就是历史悠久、大名鼎鼎的安远古镇。

民办教师出身的王老师在安远老街的一个巷口迎候我们。进门落座，桌上早摆着安远葱花油圈馍。一路颠簸，喉中生恶，肠胃烦恼，一个葱花油圈馍下肚，心胸先自开阔起来，再接过主人在火炉上刚刚熬好的一盏酽酽的罐罐茶，品咂再三，才确信我们是到了安远。宾主寒暄之余，<u>①我注意到主人墙上挂着一幅镜心隶书，内容不是唐诗宋词，也不是</u>

❶ 环境描写、细节描写，写民办教师王老师墙上的布置，又进一步对墙上所挂的镜心隶书进行详细描述，隶书所写的是对去世母亲的简约概括，勾勒出一位崇尚孝道、奉行孝道的孝子形象。

六朝骈句，却是主人为去世十周年的母亲所写的一篇纪念文章，四字一句，简约概括了老人的一生，寄托着晚辈"伏惟尚飨"的心愿和祝祷。全篇行文朴素，却俨然有烈烈如帜的礼仪气氛，这是大孝啊。镜框下的桌上，是三座包浆醇厚的梨木牌位，牌位后边供放着蓝色缎面册页《先母范事略考录》，旁边是一幅安装在小型插屏上的照片，照片外套着红布套。什么是长幼有序、孝悌当先，这就是。刚进老街时，我在车上看到一户人家门楣上的白色对联，下联已剥落，上联是"不迎不送守丧礼"，横批是"愧当大事"。家里老人去世了，在安远人看来，是天大的事，是应当感到愧疚的。

①历史上的安远不是一座镇，而是一座城中之城，古称柳城，始建于宋代，因西夏常北来入侵，取"安其远方"之意。安远曾有五城——大城、小城、南城、西城、北城，城中又有瓮城，此外还有四个古堡，每个古堡都有护城河和吊桥，堡内住有数十户人家。城中有堡实属罕见。这是千年之前秦州（今甘肃天水）之西的一座大城，从安远镇今天使用的门牌号即可看到一个古代西陲边城的影子：北城村

❶ 介绍了安远这一地名的由来，突出了安远地理位置的特殊性。

中街、大城村南堡子、大城村庄东等等。为了探访古城，我们甚至攀上了大城村南堡子的堡墙，放眼四望，安远镇的格局一目了然，虽然保存至今的遗迹不足①万一，但沿着残缺城墙与堡墙的走势，依然可以遥想沧桑的柳城。堡墙根下，是一座保存完好的单坡式民居。院门紧锁，从墙头望去，前檐及廊侧砖雕、木雕俱佳，瓦楞上的积藻厚达数寸，应是百年以上物事。②想有宋以降，安远当是行辕井然、兵士枕戈待旦、行人弓箭各在腰的西陲襟要，我们站立的堡墙，是否恰好是一位将军弯弓搭箭的岗哨？不由纵目远眺，只见风静尘息，世事太平，远处云山万叠，势如送迎矣。

"安远"二字，足以证明它最初是处于战略防御位置的边疆。在设立"安远寨"的前三年，宋朝还在附近设立了"威远寨"和"来远寨"。威远、来远、安远这三大防卫重寨互成掎角之势，守卫着大宋王朝的边陲。③《论语·季氏》有言："远人不服，则修文德以来之。"以修文德"来"远人，而不是马鞭高举、四夷咸服，这反证了宋朝军力之积弱。一城四堡的安远，多少个风清月白的夜晚在鼓角铮鸣

❶ "万一"这里是万分之一的意思，说明古迹保存的数量之少，不到原来的万分之一，也从侧面反映出原来的安远（柳城）的范围之大。

❷ 古今对比，古时的安远是边塞要地，又有军人驻守，而今天的安远已经是一番太平的模样，写安远的沧海桑田般的变化，作者内心不由生发出世事变化的慨叹。

❸ 引用《论语》中的句子，"修文德"是宋朝所崇尚的文人风气，宋朝重文轻武，因此也使得安远拥有一段安静的时光。

中度过。

当军事色彩在岁月的帏幔后逐渐消退，千年古镇安远便沁出古风犹存的醇厚，它使得安远卓尔不凡。在老街之东，我们见到了建于 1905 年的安远小学大门，这是天水境内最早的具有现代教育色彩的小学。我吃惊地发现，坐东朝西的安远小学校门是一座高大巍峨的哥特式建筑，大门是拱形，肋状拱顶和飞拱营造出一种轻盈修长的飞天感，直刺苍穹的尖顶显示了西式宗教建筑与神灵对话的意图，而门柱内的砖雕石刻纹样长框又属明显的中国风格，显示出一种"气韵生动"。南朝画家谢赫所谓绘画六法，气韵生动居首位。气韵既已高矣，生动亦不得不至。长框中依稀可见绛红的笔画，但字迹漫漶不清，框内联语早在 20 世纪 50 年代就铲掉了。建于 20 世纪初的小学校门使用哥特式风格的建筑，安远小学为笔者所仅见。这一建筑反映了 20 世纪初西学东渐、废除科举、实行新学的一些时代因素。安远僻居渭北，竟能接纳这一陌生的物事，心胸之开阔自不待言。

就是这么一个小镇，居然还有一个规模颇大的

"柳城影院"，它虽然看上去已经废弃，但楼前莲花状的路灯、高大的水磨石墙体，依稀可以看到这个电影院在 20 世纪 70—80 年代的无上荣光。安远古镇的精神底色，一定被电影胶片浓郁地修饰过。一个偏僻小镇拥有一座老电影院，以笔者之孤陋寡闻，此亦为仅见。老街的中药铺门板上，有六幅字迹整饬的毛主席语录，油漆已经斑驳，内容依然可辨，营造出一种"抓革命、促生产"的氛围。穿过老中药铺的门洞，隐身其后的，是一户门窗锃亮的人家。主人闻讯迎出来，热情招呼到屋里喝水，对外来之人毫无猜忌之意，恪守着礼有太上之风。街面上的行人，对我们手中的相机或害羞躲避，或含笑相迎，绝无诘问非难者，土俗俭朴，于此可见。① 一位叫卖白酒的青年，手握酒杯，在街上旁若无人地豪饮，有人拍摄他的妻儿，他毫不介意，末了还留下歪歪扭扭的地址，请拍摄者寄他一张照片——自己坦荡，方能视他人坦荡。巷中走来两位花甲老姐妹，半大的脚是缠过又放开的，谓之"解放脚"，手和手偏要牵在一起，依稀儿时模样。橱窗内哄孩子午休的老人，把孩子严密地包裹在自己的棉衣内，老式圆形眼镜

① 动作描写、神态描写，写卖白酒的青年手握酒杯喝酒时的豪爽，别人拍他妻儿时，他毫不介意的神态，充分说明街面上的行人对"我们"手中的相机，没有诘问非难者，体现安远土俗朴俭，人人和善。

① 外貌描写，写大多数女子的脸型，天庭饱满、明目善睐的外貌，给人明媚的感觉，表达作者对安远人的好感和对此地的喜爱。

片后的双眼满含舐犊柔情。① 街上走过的女子脸型很相近，无不天庭饱满、明眸善睐，有顾盼生辉之感。安远中学使用着一口手摇铜铸大钟，钟声悠扬；老师们在校门口集合，要去参加两位青年教师的婚礼。安远人的精神状态如此之好，有一种积极的感染人的力量，就连老街上长发及肩的一位补鞋匠，看上去也像特型演员，其长发间一绺天然生成的白发，使他更像是行走在艺术江湖的一位大侠。

这天安远正是逢集日，将近年关，街上车水马龙，市声喧哗，赫然散渡河流域之大市也。渭北山地居民以稼穑为务，勤于生计，农闲时则多以赶集为乐，颇得张弛之道。街上货殖色彩明艳，举凡布匹、衣物、日用器具，无不锦碧万端。五色令人目盲，但冬日清冷焦黄之渭北高原，倘无红袄绿袖相衬，该是何等寂寥！新茶秋后就上市了，茶茸在空气中将一直飘荡至谷雨。坐在茶摊后戴着火车头皮帽或棉帽的摊主，无一例外在熬罐罐茶。罐罐茶是西北农村的盛宴，不产茶的土壤，却培养了一代代依赖茶叶的胃。啜茶之人的鼻梁上多有一副石头茶镜，圆形，或方形。他们一手持茶，另一手的指间分明便是自卷的旱烟，或者羊骨制成的水烟锅。
① 也有使用铜制水烟瓶抽水烟的，划一根火柴点燃
烟丝，短吸两口，长吸一口，烟锅中的水咕咕作响，
水声渐大时，烟丝已化为灰白色，吸烟者蓦然收工，
一股青烟就从鼻孔中喷射而出，一根火柴恰可供一
锅水烟之用。不会使用烟具者，一定会被烟水呛着。
抽烟虽非雅事，却也是讲究功夫深浅的。近年几近
绝迹的老沙梨出现在安远街头。渭北山区老沙梨肉
厚汁甜，农家将其置于麦草、麦衣之中冷冻，直至
色如黑漆，坚硬如石，食时以冷水化之，退出冰壳，
可止咳生津，平喘润肺，实胜良药。价廉，每市斤
仅一元五角，于是欣然购买数斤，回家食之，依稀
可忆儿时滋味，怅然不胜故园之思也。

就在我念叨安远铁匠时，果然见到了一家铁匠
铺，主人姓麻，打制的不是刀枪剑戟，而是一些日
用零杂。他的摊位代售从别处购进的马铃、火钳、
灶具、刀具等，自己亲手加工的并不多，所以炉
内清冷。老铁匠铺在工业经济的背景下日渐式微，
② 铁匠铺中的一炉火很少能熊熊燃烧，那些挂在墙
上形制各异的钳子和立在炉膛前重量不一的铁锤，

❶ 动作描写，生动形象地描绘啜茶之人一边吸烟一边看水的样子，说明他们动作的熟练，充分说明抽烟也是讲究功夫深浅的。

❷ 运用拟人的修辞手法和象征的表现手法，把铁匠铺墙上的钳子和铁锤象征为英雄，它们回想金戈铁马的岁月，正是作者把它们拟人化的体现，钳子和铁锤好似人一般，也会孤独，也会回想。

像英雄身上解下的佩剑，孤独地回想着自己金戈铁马的岁月。所谓夜夜龙泉壁上鸣，所谓拔剑四顾心茫然，说的都是类似的孤独寂寞吧。同行的李老先生是民俗专家，他说，①铁匠铺的火炉是太上老君的炼丹炉，所以真正的道士经过铁匠铺时都要驻足行礼，假道士则不懂这一点。

离开安远时，王老师的爱人用浆水面招待我们，独特之处在于浆水是用石葱花炝的。石葱生长在山崖间，花期将其摘下晒干，用以炝浆水，芳香扑鼻，清雅动人，主人再配以两个小菜，碗内一清二白，生动莫名，使人食欲大振，百姓厨间的家常便饭最是解得四时自然造化之风情。

在枯焦的冬季渭北，似乎最适合进食这种精致诱人的石葱花浆水面了。

❶ 通过对比真假道士经过铁匠铺时的不同态度，写出真道士的虔诚，同时也体现民俗专家李老先生对民间文化的了解之深。

延伸思考

1. 本文主要讲了安远的哪些事物？请列举三项。

2. 文章倒数第二段写王老师的爱人为我们准备浆水面有什么用处？

_____

_____

3. 文章标题的作用都有哪些？

_____

_____

第四辑 鲁迅的别样风景

　　鲁迅要呐喊了。他的呐喊，孕育时日已久，专等钱玄同打开闸门。当钱玄同翻看古碑的钞本并发了研究的质问后，鲁迅答应为《新青年》作文章，于是有了《狂人日记》，于是一发而不可收，于是有了真正的鲁迅。

【预测演练】

阅读下文，完成下列各题。（12分）

民　工

①民工聚集在南大桥转弯处的台阶上打瞌睡，或者看过往的行人。南大桥附近是民工的人才市场，他们和自己的架子车相依为命，等待被人挑选——你，吃干粮的；你，戴草帽的；还有你，挽裤管的，你们三个，跟我来——然后被领走，然后干苦力，打夯、垒墙、背水泥，然后领了工钱回来，继续等下一桩活儿。

②在农村老家，民工是我们的左邻右舍，难兄难弟，我们在村子里和他们论辈分，比手劲，打架骂仗。在城里，比如在南大桥附近的这个转弯处，我们和民工素不相识。世事太大了，百十万民工的盲流涌进吞吐能力吓人的城市，转瞬就淹没了，要

想邂逅到小时候和自己一起撒尿和泥巴的狗蛋、粪圈，简直比中彩票还难。如果在城里生活得久了，比如少小离家，虽乡音无改而鬓毛已白之类，即使邂逅到邻家狗蛋、粪圈的儿子，也是"纵使相逢应不识"了。我们和民工素不相识，所以我们才蒙上一层城里人的面孔，朝他们吆三喝四，指手画脚，所谓"一阔脸就变"，正是如此。

③我们和民工互称"师傅"，我们的"师傅"是对下人的称呼，是不打算和这个"师傅"沾亲带故的称呼，是出了十元钱的资产阶级对能够自由出卖劳动的无产阶级的称呼。民工的"师傅"是对老板的称呼，是希望顺利干完活顺利拿到工钱的下意识的称呼，他们实在想不出比"师傅"二字更能拉近雇主与自己距离的词了，"同志"太旧了，"先生"又太洋了，只有"师傅"不威不武，不愠不怒，声音怯一些，含一些尊敬，含一些谦恭，是可以让老板应声的。

④民工租住在山脚下的村舍，他们是城里的知更鸟，也像每日迁徙一次的候鸟，日出即迁往城里，日落则逶迤回村。和建筑工地上有固定劳动项目的农民工相比，他们是超短工，没有被老板拖欠工资之虞，2003年春节全国"以人为本"地大张旗鼓地追讨民工工资的风潮与他们无关，他们是看热闹的。

⑤他们每天把自己的力气现炒现卖：搬一袋沙石到五楼一元，

拉一张桌子走四里路三元，使多少力气获多少报酬是有比例的，也是可以量化的。在与人商讨工钱的过程中，他们显出了农民的厚道与狡黠，他们拨拉心里的那把算盘，拨拉的其实就是自己无穷无尽的力气。

⑥我骑着单车去南大桥叫民工。他们一溜儿坐在各自的架子车上，威武如坦克司机。时间是上午九时，正是出工的好时机，他们不敢懈怠，密切注视着过往行人，一伺有人向他们注视、靠拢、招手或者喊话，他们立马就冲刺般围拢去，稍有怠慢，出工的机会就可能错失。

⑦我站在民工前想起了古罗马的劳动力市场。民工才不管我的思绪翩翩，"轰"的一下就把我包围了，其迅捷的气势犹如要群殴我。我面前是一颗颗凌乱的脑袋，在众多嘈杂的声音中，我听出他们要求我赶快点人，为此他们还起了内讧，互相争辩是谁先抢到我面前。我在心里把他们按肌肉发达程度、行动迅速程度、面相和善程度的标准排了队，然后说，你，你，还有你，跟我走。我很少有这么大权力干这么重要的事情，一不小心便用的是警察带闹事者进局子的那种口气，连我自己都感到很权威。听到这一点将，围拢的其他民工立刻散去，被点到的民工兴高采烈，跟在我身后一路小跑，其中一人还忽地一下窜上了我的自行车后座，他得意得嘴都要歪了。子曰："是可忍，孰不可忍？"我不得不说：

"下来！"他便讪讪地笑着下来了。

⑧我要将新居中用剩的一堆沙石搬到楼下去。民工进得屋里，却四处找卫生间，一人进去，半天不出来，门一推开，立刻臭气冲天，他显然一进门就给了我一个下马威，然后看着我欲怒未怒的脸舔舔嘴唇，无辜得要死的样子。这卫生间我还没用过一次呢，"处女秀"倒让民工给作了。

⑨讨论工钱之前，民工围在沙石周围，感慨这楼是如此之高，沙石是如此之重，而天气又是如此之热，感慨得我面有愧色，似乎欠了他们天大的人情。他们最后大度地挥挥手说："你安顿吧。"这时我才意识到我是老板，是出钱让他们来的！可是我偏不安顿。"安顿"是民工的专用术语，犹如牲口市场买卖双方在衣服下面摸指头。我不安顿，民工便安顿说五十元。我就笑了："两方沙石前几天搬上来时花了四十元，用去一大半，你说搬下去要多少钱？十五元撑死！"他们便不干了，嚷着要走，走到楼梯口，看我没有要挽留的意思，耳语一阵，就派了代表要求十五元外加四碗牛肉面，等于我请他们一顿午饭。最后还说了一句："叫花子到你门上还能讨个热馒头呢！"

⑩民工开始干活。他们每天要经历数次刚才这样的劳资矛盾，一旦价钱讲定，心里有那么几块钱垫底，他们便十分卖力，他们的喘气、上楼下楼、大声的咳嗽，处处显示出一种生命的强悍。

呵呵，我明白了，只有弱小的势力才任何时候都那么咋咋呼呼，城里人太强大，他们在给自己壮胆啊。这时我袖手站在一旁，我是一个双手无缚鸡之力的书生，看民工像提棉花那样只一下就把沙石搬到肩上，更感到自己像一只羸弱的幼虫。可是在民工眼中，我是不是一只不想多出钱却想支使他们多劳动的凶狠的大雕呢？

1. 品味下面的语句，谈谈你的理解。（4分）

（1）民工租住在山脚下的村舍，他们是城里的知更鸟，也像每日迁徙一次的候鸟，日出即迁往城里，日落则逶迤回村。

_____

（2）在与人商讨工钱的过程中，他们显出了农民的厚道与狡黠，他们拨拉心里的那把算盘，拨拉的其实就是自己无穷无尽的力气。

_____

2. 文章为了体现农民工小心谨慎地在城市讨生活的情况，采取了什么表现手法？（4分）

_____

_____

3. 品读全文，联系实际生活，谈谈你的启示。（4分）

_____

_____

八道湾 11 号

名师导读

本文写作者探寻八道湾 11 号，并按照时间顺序讲述在八道湾发生的事。今天的八道湾 11 号已然成为一个大杂院，再也无法探寻当年的气息，于是作者便只得借助周氏两兄弟（鲁迅和周作人）的作品来回忆在八道湾 11 号发生的一切。文章阐述的是无法泯灭的亲情，尽管鲁迅与周作人后来在见解上有很大的分歧，但两人的兄弟情分一直未断。

早春三月，北京一派萧条古穆，冬日尚未远去。我在密如蛛网的地图上寻找"八道湾胡同"，眼睛渐渐生涩，仍不知这个如雷贯耳的胡同藏匿何处。于是求助百度，知道八道湾胡同的西侧紧邻赵登禹路，乃打车直奔赵登禹路，在路南下车，一路向北，且问且行。①北京长风浩荡，吹得行人步步趔趄。大风中寻半日，灰头土脸之际，果然看到路侧立着"八道湾胡同"的标志。

❶ 环境描写，描写寒冬中的北京，烘托突出了八道湾胡同之难寻。

我终于来到了周氏兄弟共同走过的巷道。据说这是由八条小胡同汇聚成的一条大胡同，故称"八道湾"。但眼下它已经成了一个巨大的工地，居人纷迁，遍地瓦砾，几乎无路可寻。辗转数次，才找到 11 号院。

②八道湾 11 号院，周氏兄弟在北京的府第。

❷ 承上启下，承接上文作者寻找难觅的 11 号院，引起下文对周氏（周树人、周作人）兄弟在北京的府第的介绍。使文章行文连贯，逻辑有序，易于读者厘清行文脉络。

我是从后门进入 11 号院的，根本不知道哪间房子是周氏兄弟故居。在院中胡乱拍了一通断垣残壁，感到完全不得要领，欲引身退出，但瞅着院中高大的槐树，心想这个传奇的院落中几乎藏着半部中国现代文学史，如此不明不白地寻访一趟，空手而归，情何以堪啊。恰此时遇一妇人，询之，她热情地指点曰："那个马鞍架大瓦房是周作人住过的，前院是鲁迅和他母亲、朱安住过的。"不由大喜过望，总算找到了真正的八道湾11号。

八道湾11号是民国时期最著名的文化沙龙。由于周氏兄弟是中国现代文学史上的"双子星座"，凡研究新文学者，都以亲自寻访他们的故居八道湾11号为荣。

我眼前的八道湾11号一片狼藉，院中的临时建筑已被拆除。周作人住过的北屋侧壁悬挂着一长串电表，望之颇壮观，工人正爬在梯子上抄表。新文学史上如此重要、独一无二的地理坐标，过去几年多次面临被拆除的噩运。拆还是不拆，曾引发过热烈的讨论。就连周海婴也就此发表过看法，认为八道湾11号没必要保护，① "保护八道湾实际等于保护周作人的苦雨斋。那么，汉奸的旧居难道是值得国家保护的吗？"

周海婴先生此言当属义愤之辞，之所以这样讲，是家庭恩怨使然。但是，八道湾11号不仅仅只是周作人的旧居，也不仅仅只属于周家，不能因为周氏兄弟反目，以及周作人后来染了伪职，就否定它在

❶ 作者引用周海婴《鲁迅与我七十年》中的话，再次强调"八道湾11号没必要保护"的观点，增加文章的艺术性。

现代文学史上特殊重要的价值,倘因为周作人的"汉奸"身份而拆除八道湾,是狭隘地否认了二先生与当时文化语境的紧密联系。

在种种杂音中,八道湾11号最后还是保留下来了,据说将作为北京三十五中的图书阅览室,鲁迅当年住过的房子,将挂牌成立鲁迅纪念馆。这虽然貌似是不错的归宿,但关于八道湾11号拆与不拆的争论,本身就是对传承"五四"精神的一次伤害。

眼下,八道湾11号虽然遍地瓦砾,但格局大致还在。它原本是东邻大宅院(现八道湾9号)的一个附属院落,早年主人姓刘。鲁迅①1919年8月19日立契从罗氏手中买下11号院时,它还是一个破破烂烂的小王府,据信是清廷末路王孙变卖掉的府第。当年11月4日,鲁迅到八道湾收房讫,前后共付费3675元。此后开始修缮房屋,还特地接入当时十分罕见的自来水系统。11月21日,"上午与二弟眷属俱移入八道弯宅",从此,周氏兄弟结束长期的寄居生活,有了自己的房产,周府在北京落根,鲁迅完成了一个宏伟的家庭梦想。12月,鲁迅返回故乡绍兴,收理书籍,到祖坟扫墓,周家新台门周宅经

❶ 作者按照时间的先后顺序有条理地写出鲁迅在北京买院子及处理房子问题的过程,增加文章的文学气息。

全族商议出售给东邻朱某。这一过程对鲁迅而言是极不愉快的。1919年初,他在给许寿裳的信中说:"在绍之屋为族人所迫,必须卖去,便拟挈眷居于北京,不复有越人安越之想。而近来与绍兴之感情亦日恶,殊不自至(知)其何故也。"当他与故乡永诀时,"老屋离我愈远了;故乡的山水也都渐渐远离了我,但我却并不感到怎样的留恋"。作别故乡,鲁迅"以舟二艘奉母偕三弟及眷属携行李发绍兴",抵京入住八道湾11号,彻底了结了祖宅留给他的不快记忆。

①卖掉老屋,接走老母,定居北京,鲁迅与故乡的情感脐带被割断了,他成了一个没有故乡的人。在这种背景下,八道湾11号无疑更像鲁迅的精神避难所。他把母亲、朱安、建人一家安顿在前院,把条件更好的后院让给周作人,败落的绍兴周家终于在北京门第中兴。此时,周氏兄弟已成为思想界的"意见领袖",1920年的新年对于周府而言,完全是一派新的气象和一派新的江山。

我来到八道湾的正门,想象周氏兄弟从这里进出时的情形。八道湾11号的大门很简陋,简直不能称作大门。门牌早已无存,它到哪儿去了?会不

❶ 运用比喻的修辞手法,把鲁迅对故乡的情感比作脐带,生动形象地写出了鲁迅与故乡的断裂,更突出八道湾11号对鲁迅的重要性。

会出现在某一次拍卖会上？现在的门牌号用毛笔歪歪扭扭地写在塑料报刊盒上。我要将这个门牌拍下来，但门洞中间挂着一个衣架，上面是一串女人的内衣，影响画面。我憋住气，把它移到旁边。拍完照片，我又憋住气，将其移至原来位置。这时，旁边小门里出来一个男子，警惕地盯着我看，让我很尴尬。① 生活使八道湾11号成为杂乱无章的大杂院，然后又使大杂院弥漫着世俗市侩的气息，这是没有办法的。

我愿意在周氏兄弟的著作中感受当年八道湾11号的真实气氛。

它一定是个适合闲谈的清幽之所。当初，八道湾11号院不失大宅门格局，院子很宽敞，鲁迅在屋前栽植了丁香和青杨，纸窗敞院，静谧帘栊，正好安享天伦。周作人在其作品中多次写八道湾11号。《冬天的麻雀》一文中提到过院中的植物，有一株半枯的丁香，一丛黄腊梅，还有一棵槐树。我在院中确实看到了高大的老槐树，当为周作人文中所及者。② 周作人所住的瓦屋纸窗在《喝茶》一文中亦有所展示："喝茶当于瓦屋纸窗下，清泉绿茶，用素

❶ 作者用"杂乱无章""世俗市侩"写出八道湾11号当下肮脏破败的景象，与之前周家人居住时的热闹、繁荣、兴盛形成对比，表达了作者对八道湾11号当今际遇的惋惜。

❷ 通过引用周作人作品《喝茶》中的散文，营造周作人当时居住在八道湾11号时的景象，借文中的环境描写，突出八道湾11号中周家清幽、恬淡的环境。

雅的陶瓷茶具，同二三人共饮，得半日之闲，可抵十年的尘梦。"这代表着知堂老人的心境和情趣。谢兴尧曾这样描绘过对它的印象："周的住宅，我很欣赏，① 没有丝毫朱门大宅的气息，颇富野趣，特别是夏天，地处偏僻，远离市廛，庭院寂静，高树蝉鸣，天气虽热，感觉清爽。进入室内，知堂总是递一纸扇，乃日本式的由竹丝编排，糊以棉纸，轻而适用，再递苦茶一杯，消暑解渴，确是隐士清谈之所，绝非庸俗扰攘之地。"李霁野、张中行、文洁若、邓云乡等对苦雨斋描述甚多，他们语带神往，相互间讨论着宏大的话题，形成了一个独特的文化现象。

这里一定是门庭若市的。朱遏先、沈尹默、钱稻孙、刘半农、马幼渔、陈百年是首批走进八道湾的名流。1920 年 4 月 7 日，为了探讨"新村"建设，27 岁的毛泽东来到这里，拜访"新村"运动的倡导者周作人。这天，鲁迅恰好不在家。所以，毛泽东和他终生推崇的文化旗手始终没能谋面。当然，毛泽东并不知道，鲁迅是"新村"运动的反对者。鲁迅搬出八道湾之后，周作人将日常会客地设在了中院西厢房。② 在为《狂言十番》写完序言后，周作

❶ 多个四字词语并用，使句子读起来朗朗上口，音律和谐，使文章具有音律美，增加文章的可读性，引起读者的阅读兴趣。

❷ "苦雨"二字用法精妙，既充满嘲弄，又暗含幽默，周作人既嘲讽院落地势之低，又借"苦雨"二字，暗含居住在这低洼院落的风雅趣事。

人的笔下出现了"苦雨斋"字样，这一年是 1926 年。"苦雨斋"之得名，盖因院中地势低洼，雨天容易积水。周作人此后写文通信，落款或为"苦雨翁"，或为"苦茶庵"。根据周作人日记，先后造访过苦雨斋的有爱罗先珂、江绍原、许钦文、钱玄同、沈士远、沈兼士、胡适、郁达夫、徐志摩、张凤举、徐祖正、俞平伯、沈启无、废名、陶晶孙、川岛、孙伏园等。院中名士毕集，呈一时之盛，也发生了许多传奇的往事。往来苦雨斋的大多是①京派文人，他们不谙政治，颇有学识，讨论的问题和研究的对象，至今在学术界仍可称作清冷之学。这种清冷，恰好可以看作是八道湾 11 号固有的气氛。此外，俄国盲诗人爱罗先珂还在此生活过一年半时间。②鲁迅小说《鸭的喜剧》中写到过一个小池，本来是想种荷花的荷池，但半朵荷花都没养出过，"然而养虾蟆却实在是一个极合式的处所"。爱罗先珂买小鸭放池里养，结果小鸭把池里的蝌蚪吃光了。此情此景，令人莞尔，今日读之，一举一动犹在眼前。

它是迸发出思想火花的富集之地。"五四"时期周氏兄弟最重要的新文学作品，都是在这里完成

❶ 京派，盛行于 20 世纪 30 年代的一个文学流派，与当时的海派同时并存，两者创作旨趣大相径庭。京派文人多是离开故土聚集在北京的一批文人，大多不是北京土著。

❷ 写文人趣事，增加文章的名士气，使文章更加具有文学性，同时加深读者对鲁迅的认识。

的。如鲁迅的《阿Q正传》《风波》《故乡》《社戏》等著作和译著，数量达百余篇。特别是《阿Q正传》被公认为中国新文学史上最具思想深度和审美概括力的杰作。鲁迅在八道湾11号虽然只住了短短的三年多，但其发出的思想之光，亦足以令新文学界长久注目。周作人从1919年搬进八道湾11号院至1967年辞世，在此间住了近半个世纪，一生最重要的作品，几乎都诞于此。他后期的文章越写越闲淡，渐近自然，他以苦雨斋为核心，形成了一个特殊的文人群体，既迥异于以鲁迅为旗帜的左翼文人，也不同于以胡适为代表的自由主义知识分子，他们别开山河，自成体系，价值将得到进一步重估，其深层的隐喻不容小觑。

中国传统文化虽然以四世同堂的形式宣示着家族伦理的威仪，但同胞兄弟各自有了家室后，却总是分灶而食，另立门户，各自过活。周氏兄弟也不例外。所不同的是，鲁迅和周作人分家，是以更加彻底的感情决裂为前提的，这使得八道湾11号有了某种家族悲剧的意味。① 八道湾的变徵之音出现在1923年7月，当月3日，鲁迅和周作人还相偕同

① 按照时间顺序展开叙述，描述1923年7月发生的周氏两兄弟失和事件前后过程。7月3日时还和往常一样，情义仍在，但是14日便开始分灶吃饭，19日便断绝前后院来往，反映出两人关系变化之迅速。

往东安市场、东交民巷书店及山本照相馆等处，情义仍在。14日，兄弟二人已经开始分灶吃饭，鲁迅日记载："是夜始改在自室吃饭，自具一肴，此可记也。"19日，"上午启孟自持信来"，请鲁迅以后"不要再到后边院子里来"。鲁迅夫妇被迫迁至砖塔胡同暂居，八道湾11号成了周作人及其苦雨斋追随者"自己的园地"。从此，"五四"新文化运动的旗幡式人物周氏兄弟彻底撕破了脸皮，各自走上了截然不同的一条路。从同一个血脉原点出发的两条线，再也没能回到相同的终点。北平沦陷后，周作人因污伪职，以汉奸罪被国民党政府关押，新中国成立前被保释后重回八道湾11号，躲进清寂的苦雨斋品味苦茶，寻字觅句，直至终老。

周氏兄弟失和的原因，坊间有多种分析，见仁见智，莫衷一是。有研究者推测，是鲁迅偷看了弟妇沐浴之故。但据其时住在八道湾客房的章川岛先生说，八道湾后院房屋的窗户外有土沟，还种着花卉，人是无法靠近的。何况按日本的风俗，家庭沐浴男女并不回避。至于真相究竟如何，由于当事人并未透露更有价值的细节，此事已成为文学之外的一桩公案。

我抬头看到了苦雨斋屋顶上的瓦，它被包围在蒿草丛中，一任岁月剥蚀。这是一种漂亮的民居筒瓦，瓦面上是吉祥结，吉祥结两侧是^①阳文"吉祥"二字，模印饱满。鲁迅当年在修葺周府时，早将一个家庭的希冀和期许托付在屋瓦上。^②它满覆绿垢，见证了八道湾11号的聚散，于是自有一种不慌不忙、不言不语的从容。有谁真正了解五味杂陈的八道湾11号中的旧梦呢？有谁亲耳听到过苦雨斋里的叹息呢？这一排旧瓦，是不是曾经"如是我闻"呢？

兄弟失和后，鲁迅在精神上受到了很大打击，那些曾表达着鲁迅生命话语的小说，被表达着鲁迅意志话语的杂文所取代。不过值得注意的是，周氏兄弟在失和后，还通过作品隐秘地表达着对胞兄胞弟的遥惜与珍重之情。1925年10月，周作人在《京报副刊》上发表了他翻译的罗马诗人喀都路斯悼其兄弟的一首诗《伤逝》，译诗中有"兄弟，只嘱咐你一声珍重"的句子，借此传递他与鲁迅间各自珍重的信息。《京报副刊》是鲁迅经常发表文章的报纸，这首诗鲁迅自然很快就看到了。20天后，鲁迅

❶ 指器物上凸出来的文字。与阴文相对，阴文指器物上凹进去的文字。

❷ 运用拟人的修辞手法，把器物拟人化，屋瓦仿佛人一般气定神闲，见证着八道湾发生的一切，生动形象地写出屋瓦历史之久远。

① 引用《诗经》中的诗句，增加文章的文学性，同时"脊令在原，兄弟急难"也十分贴合语境，阐明周氏两兄弟之间虽然有嫌隙，但血浓于水，兄弟情谊难以割离。

② 揭示鲁迅笔下名篇《伤逝》的主旨。书信具有传递信息、沟通情感的作用，然而因为周氏两兄弟之间有隔阂，二人便借文学来进行情感沟通。小说具有虚构这一特殊属性，然而传递的情感却是真挚的。

写了同名小说《伤逝》，回忆了对周作人疾病的忧虑及请医生诊治的事实，并借小说中的人物把他和周作人比喻为一种生活在水边却困处在高原而飞鸣求助的小鸟——脊令。① 《诗经》有言："脊令在原，兄弟急难。"比喻兄弟在急难中要互相救助。鲁迅借此向周作人发出了兄长的信号，表示只要周作人有急难，他还愿像当年一样出手。周氏兄弟失和40多年后的1963年，② 周作人在他的《知堂回想录》中说："《伤逝》不是普通的恋爱小说，乃是假借了男女的死亡来哀悼兄弟恩情的断绝的……"知兄莫如弟，周作人对自己的感觉深信不疑。

鲁迅对周作人唯一不好的评价是一个字：昏。他对周建人说："启孟真昏！"在给许广平的信中也说："周作人颇昏，不知外事。"更多的时候，那不能泯灭的手足之情处处让鲁迅挂念着周作人。当《语丝》在北京被查禁，北新书局被封门时，鲁迅焦急万分，在致章廷谦的信中说："他（周作人）之在北，自不如来南之安全……好在他自有他之好友，当能相助耳。"鲁迅晚年为文艺斗争所苦，但当周作人的《五十自寿诗》受到攻击时，他的神志却异常清醒，甚至异常灵敏，一旦事涉胞弟，鲁迅就挺身而出。其时，也独有鲁迅在给曹聚仁等的信中能够主持公道，替周作人辩解。周作人晚年著《知堂回想录》，多次提到此事，可见对鲁迅的胸无芥蒂也自是服膺在心，而兄弟二人的息息相通亦于此可见。据李钰先生撰文称，鲁迅临终前最常翻看的是周作人的文章，而周作人临终前，也在阅读鲁迅的书籍。他们彼此还是把对方当作一面镜子，在沉默中寻找失和的另一半，这值得让人玩味。

无论周氏兄弟如何心灵相通，他们最终还是割席绝交、割袍断义了，这不禁让人怅然长叹。鲁迅自然是中国现代文学的开山鼻祖，但周作人也是中国第一流的文学家。冯雪峰说，鲁迅去世后，周作人的见识文章，无人能够相比。同为文学巨匠，两人自八道湾失和之后再没有书信往返，更没有促膝长谈。当年鲁迅在别人攻击周作人的文章中预见到了兄弟的命运，"文人美女，必负亡国之责"，竟然一语成谶，周作人果然被千夫所指，成为千古罪人。鲁迅逝世后，庞大的治丧委员会名单中，没有"汉奸"周作人的名字。

① 引用鲁迅的诗句，表达了鲁迅对其弟周作人用情之深，也对常年与弟弟异地而居之事怀憾在心。

在八道湾 11 号的遍地瓦砾上，^①我想起了鲁迅在《别诸弟》跋中所言："登楼陨涕，英雄未必忘家；执手消魂，兄弟竟居异地。"

兄弟竟居异地！周氏兄弟的八道湾失和永远成了现代文学 30 年中难以释怀的一处隐痛，提示着文学之外的另一种悲怆和沮丧。

延伸思考

1. 文中第三段是否可以删去？为什么？

_____

_____

2. 本文为何以"八道湾 11 号"为标题？

_____

_____

3. 本文主要写了哪些内容？请简要概括。

_____

_____

鲁迅的别样风景

名师导读

　　本文为大家展示了一位不一样的鲁迅，分别从三个部分来写鲁迅：第一部分写的是鲁迅在走向文坛前的八年抄古碑生活，第二部分写的是鲁迅在美术方面的见解及鲁迅的画作，第三部分写的是鲁迅与音乐的关系。本文为人物传记类散文，具有真实性、文学性等特点，同时文章结构明晰，具有很强的条理性。

一个文人的八年沉寂

　　^①一个文人以读佛经、拓碑刻、抄嵇康来排遣时日，没有发出一声呐喊，这个文人所在的时代如果不是太清平，就是太黑暗。

❶ 设下伏笔，为下文引出鲁迅做铺垫，同时激发读者的阅读兴趣。

这个文人，当然是鲁迅。

他沉寂的八年，肇自辛亥革命失败，终自钱玄同与他的一席长谈。

这八年，他在教育部任职，许多时日，便寓在绍兴会馆的补树书屋抄古碑。客中少有人来，古碑中也不会有问题和主义。他的愿望居然便是生命暗暗地消去。[①] 他摇着蒲扇坐在槐树下，从密叶缝里看那一点一点的青天，晚出的槐蚕又每每冰冷地落在头颈上。

补树书屋，俨然便是鲁迅沉寂时修炼内功的一个火炉。

他为什么沉寂？

辛亥革命后，"狐狸方去穴，桃偶已登场"。以皇权崩溃为标志的旧的体制、规范、信仰、风习已经毁坏或者动摇，而保守顽固势力尊孔读经和宣扬复辟的浪潮，对年轻知识分子的人生选择形成了夹击，国家和个人的前景渺茫。上一代革命者的热忱消退了，一些人仍围绕在孙中山的身旁做着力不从心、效果不大的政治、军事斗争，除此而外，很大一批人消沉下来，范爱农、吕纬甫、魏连芟一类的

❶ 运用场景描写，描绘了鲁迅独自坐在槐树下望天的画面，营造了一种孤寂的氛围。其中，"一点一点的青天"是鲁迅所看到的景象，同时也写出了希望之寂寥，表达了鲁迅当时颓废、消沉的状态。

知识分子大量涌现。这是万马齐喑的黑暗时代，是"五四"前最深的黑夜。① 在帝制复辟的过程中，特务遍地如蝗，人人设法逃避耳目，重的嫖赌蓄妾，轻则赏古玩画，鲁迅，他便去抄古碑。

倘若在政治清明的时代，一个文人终日以古碑、佛经、嵇康为伴，该是幸福之至的事。但"五四"之前的鲁迅，搜集和研究中国古代的造像和墓志等金石拓本，辑录《六朝造像目录》和《六朝墓名目录》，却是逃避环境而潜入古代的歪打正着。② 这期间，一种沉默的发声不得的窒息始终萦绕在鲁迅身边，如同鲁迅呐喊之前铁屋中的屏息凝神。

如果抛弃民主和科学、启蒙和救亡这样沉重的时代命题，鲁迅的八年沉寂，那种雅致的清风明月相伴的文人生活，该是多么令人沉醉！

看佛经。自 1914 年起，鲁迅大量购置佛经，用功很猛，别人赶不上。如 1914 年 4 月 18 日，"往有正书局买《选佛谱》一部，《三教平心论》《法句经》《释迦如来应化事迹》《阅藏知律》各一部"，次日又买《华严经》合论三十册等。十几年后他去杭州游西湖，知客僧向鲁迅大谈佛学反被鲁迅说倒。

❶ 运用对比的修辞手法，写复辟时期不同人的表现，有人嫖赌蓄妾，有人赏古玩画，大家都在享乐，而鲁迅则在钻研古文化，沉溺于抄古碑。

❷ 描绘鲁迅所处的令人窒息的社会氛围，也写出鲁迅所处时代的黑暗。当时的鲁迅认为整个中国都处在黑暗的铁屋子中，认为救国是无望的。鲁迅一直身处绝望之中。

会师友。与鲁迅往来的有孙伏园、许寿裳、陈师曾、刘半农、钱玄同等，均是新文化运动之翘楚。这些年，鲁迅专程拜访的人并不多，可谓深居简出。1914年8月22日，"午后许季市来，同至钱粮胡同谒章师（即章太炎），坐至傍晚归。"1918年6月1日，上午往北京大学访蔡元培。

^①逛琉璃厂。这是鲁迅近十年最常去的地方，去则大量搜集汉朝画像拓本及杂书，淘古玩旧，收藏日丰。

……

鲁迅这八年的日记，与其说是他思想轨迹的每日记录，不如说是文人生活的全景再现。他这种儒雅而别致的逃离尘世的方式，让后世之人常常恍然大悟，并心仪良久。

就在鲁迅寓在绍兴会馆抄古碑的日子里，陈独秀先生领导的新文化运动发起了。不能不佩服陈独秀先生的得风气之先，他喊出的民主与科学是社会进步的两面旗帜。在觉醒者的行列中，陈独秀远远早于鲁迅，这也是其恒久伟大之所在。

鲁迅要呐喊了。他的呐喊，孕育时日已久，专

❶ 运用一系列动词，"逛""搜集""淘""收藏"，写鲁迅消沉时期的生活日常，国不堪救，鲁迅便沉溺于古代文化和古玩。

等钱玄同打开闸门。当钱玄同翻看古碑的钞本并发了研究的质问后，鲁迅答应为《新青年》作文章，于是有了《狂人日记》，于是一发而不可收拾，于是有了真正的鲁迅。他的呐喊，"慰藉着那在寂寞里奔驰的猛士，使他不惮于前驱"。

一个文人八年沉寂的日子结束了。他的隐居生活结束了。

① 一个手无寸铁的书生，马上要告别他的宠物壁虎，融入伟大的"五四"时期，成为新文化运动最坚定的旗手和最优秀的男高音！

1919 年 11 月 21 日，鲁迅从住了近八年的绍兴会馆补树书屋搬至八道湾 11 号新居。

我怅然若失。

从此以后，一个文人与他比较纯粹的文人生活有了一定间隔，他仍然是文人，是知识分子，但更像一个不平则鸣的斗士，剑锋所指，愈老愈辣，一个都不宽恕。

② 他居住了八年的补树书屋，安静清逸如同一座清心普善的寺院，而他此后的居所，刀光剑影，更像一座铁马冰河的军工场。

❶ 运用比喻的修辞手法，把鲁迅比作新文化运动的"旗手"和"男高音"，说明了鲁迅对新文化运动的重要性，也表达了作者对鲁迅的尊重和敬爱。

❷ 运用对比的修辞手法，把鲁迅之前八年的生活与此后的生活作对比，突出鲁迅之前生活的苦闷和沉寂，此后的生活则日日惊心，用笔锋进行抗争，奋斗在新文化运动前线。

我为一个国家和民族在那样的时代有那样的战士而庆幸，也为一个文人在那样的时代失去像样的文人生活而泣不成声。

鲁迅画的一棵松树

美术者，有三要素：一曰天物，二曰思想，三曰美化。这是鲁迅关于美术的看法。鲁迅不是专业美术大师，却是新美术运动史上执话语之牛耳的卓然大家。

① 运用排比的修辞手法，句式整齐、情感真挚、强烈，写出鲁迅对绘画的独特见解，表达了作者对鲁迅的钦佩和赞美。

① 他说，宋末以后，除了山水，实在没有什么绘画，山水画的发达也到了绝顶，后人无以胜之。

他说，世界上版画最早出现的是中国，或者刻在石头上，给人模拓，或者刻在木板上，流传于世。

他说，雅人往往说不出他以为好的画的内容来，俗人却非问内容不可，从这一点看，连环图画是宜于俗人的。

他说，漫画的第一件要紧事是诚实，要确切地显示了事件或人物的姿态，也就是精神。

……

鲁迅先生在不同场合有一搭没一搭地说着，

①看似漫不经心，却像密授武林秘籍的侠客，让专门操持书画艺术的人看一次，吃惊一次，顿悟一次。

我看到街上的画展越来越多。一个书法家闭门谢客练了三四年国画，开门伊始便办起了画展。进去看了，顿觉心惊肉跳：我不知道他是以奇惊人的达达派，还是习惯为埃及坟中的绘画赞叹，还是对黑人刀柄上的雕刻点头，总之，我所看到的是在整尺整尺的画纸上一览无余地显示出蔑弃了传统功力的勉强制作，画不达意，徒存轮廓，力量自然缺失。

人人都在写字画画，人人都想留下墨宝佳作，倘用以修身养性未尝不可，但置之于艺术切磋的案头，则徒有浮躁与自欺欺人。②艺术是需要精熟的技艺、进步的思想和高尚的人格为底色的，缺一则失之于陋、失之于僻、失之于邪。今人偏爱向书画阵营投奔，将这泓清潭搅成了不忍卒睹的大染缸，新是新了许多，却难以更加伟大。

鲁迅的时代，一语可以切中美术堕落或前进的要害，今人再没有一颗发于诚实的心从事书画创作，最终止于以拙劣的色彩与线条来济思想与境界之贫。

❶ 运用比喻的修辞手法，把鲁迅评画时漫不经心的话比作武林秘籍，生动形象地写出了鲁迅对画的研究之深及见解之独到，表达作者对鲁迅的赞美和钦佩之情。

❷ 运用排比的修辞手法，三个"失之"写出众人所写字画的粗鄙、简陋，表达作者对失去传统底色的字画的贬斥。

鲁迅曾画过一棵松树，松梢婀娜，树干遒劲，嫩叶清新。他不是专业画师，却能画得入木三分。他的绘画背景是幼年临摹小说绣像，成年亲自设计封面和倡导新美术运动。他的画只有一张信笺大小，但凝神结想，一派高士风骨。此画是鲁迅为《天觉报》创刊所作，题为《如松之盛》，隶书体笔墨诚实，威仪抑抑，雄迈而静穆。在同一天的《天觉报》上，有鲁迅电文一则："敬祝《天觉报》出版自由。北京周树人祝。"此画正可视作鲁迅祝《天觉报》出版自由的一种巧妙的象征。这是一种政治热情，更是19世纪初一代知识分子的心迹。

鲁迅所作之画极少，而且大多不传。他临摹的《荡寇志》和《西游记》绣像，因为要钱用，卖给一个有钱的同窗了；他还有两幅画没有留存下来，一是《射杀八斤》，一是《刺猬撑伞》。视之弥贵，读之弥珍，鲁迅亲自设计的封面图案、一幅《活无常》和一幅《如松之盛》，是我们能看到的鲁迅美术手迹的全部。① 一位对美术本质与美的规律持有手术刀般犀利见解的文学家和思想家没有留下更多的画迹，只此一鳞半爪便足以令画坛震动，而我们身边

① 运用对比的修辞手法，把鲁迅和思想一贫如洗的书画大师进行对比，说明鲁迅留下的画质量之高和数量之少，映衬出那些缺乏思想和技巧的书画作品的拙劣。

思想一贫如洗、技艺近于悬空的书画大师们正在日复一日地炮制着不朽的艺术佳作。

对鲁迅所关注的新美术而言，这与其说是一种反讽，不如说是一种屈辱。

和音乐擦肩而过

鲁迅在中国现代文学史上的"教父"级地位无人能够动摇，甚至一度走上了神坛。鲁迅对于现代文学观念、文学思维和文学形式的确立，有开山之功。他同时还热爱电影、美术，或热情观瞻，或奔走倡导，各有心得。唯一对于音乐，鲁迅极少谈及，卷帙浩繁的 16 卷《鲁迅全集》，洋洋几百万字，鲁迅对音乐几乎三缄其口，可以说是圣哉忍者，踏雪无痕。

①鲁迅的一生，似乎只有两次和音乐相关的接触。

据 20 世纪 60 年代苏联的一份杂志介绍，1927 年，鲁迅曾托高尔基给北方俄罗斯民族合唱团捎过一封信，而且还寄给他们几首有谱的中国民歌，信的全文现收录在人民文学出版社 1981 年出版的 16 卷本《鲁迅全集》第 13 卷附录中。

❶ 总述鲁迅的两次与音乐的接触，对下文所要展开叙述的内容进行总括，使读者思路清晰，了然于心。

北方俄罗斯民族合唱团：

① 亲爱的朋友们，你们热情洋溢的歌声飞越万里，给中国无线电听众留下了美好的、难忘的印象。现通过高尔基同志寄给你们几首有谱的中国民歌，借以表示崇高的敬意与谢忱。

祝你们全体同志在创作上取得巨大的成就以及生活幸福！

敬爱你们的中国朋友和同志鲁迅。

❶ "歌声飞越万里"，运用夸张的修辞手法，写出中俄关系的亲密友好。

鲁迅能给遥远的北方俄罗斯民族合唱团寄去中国民歌，至少说明他对中国民歌是极其推崇的，虽然他闭口不谈对民歌的认识，但仅此举动，已体现了他对真正民族文化的深刻体认，这一态度与他对京剧的态度截然相反。

鲁迅在《社戏》中说他怕听"咚咚"，他在战斗的岁月中对号称国粹的京剧总是提不起兴趣。"五四"以来，鲁迅一直对京剧持批评的态度，鲁迅说他从1902年至1922年20年间只看过两回京剧，而印象都十分之坏：② "咚咚喤喤地敲打""红红绿绿的晃荡""一大班人乱打""两三个人互打"，总之是"戏

❷ 咚咚敲打的声音，红红绿绿的晃荡，两三个人的互打，写出了京剧表演时的热闹场面。

台下不太适于生存了"。至于用京剧表现现代生活，鲁迅更是认为根本不可能。根据鲁迅的挚友郁达夫回忆："在上海，我有一次谈到了茅盾、田汉诸君想改良京剧，他（鲁迅）根本就不赞成，并很幽默地说，以京剧来救国，那就是①'我们救国啊啊啊'了，这行吗？"鲁迅对梅兰芳本人的批评、讽刺和挖苦，也是随处可见。以鲁迅"人民本位"的艺术观及他对整个社会历史的考察，他能把中国民歌如此郑重地推荐给苏联朋友，真是那些如水银般披泻于山川河流的中国民歌之幸了！

❶ 鲁迅用一种幽默的方式，表达了对京剧的形式很难表现现代生活的看法。

鲁迅还有一次和音乐贴近的机会。那时距离他去世只有两年左右的时间。

1934 年 5 月 21 日，俄罗斯作曲家、钢琴家齐尔品（原名切列普宁·亚历山大）（1899—1977 年）为征求中国意蕴的钢琴曲，写信给当时的国立音专校长萧友梅，建议"筹划一个以制作具有中国民族风格的音乐为目的的比赛"，其中一首最好的钢琴曲将得·百银元的奖金。这·建议得到萧友梅的响应，在这次比赛中，贺绿汀以一曲《牧童短笛》获一等奖。

齐尔品很欣赏《红楼梦》，他深为贾宝玉、林黛玉间凄美动人的爱情故事所吸引，认为是谱写歌剧的好题材，有把《红楼梦》编成歌剧演出的构想，为此，他特意写信给鲁迅。鲁迅收信后，兴致很高，随即回信，表示身体有所好转时立即"从命"。可惜，鲁迅的病况一直没有好转，直到他逝世，这项可能影响中国歌剧创作的倡议终于未果。

　　这件中国乐坛逸事，说明齐尔品了解到鲁迅对外国音乐文化有相当高深的学养，否则不会无的放矢，邀鲁迅编剧。

　　①鲁迅就这样一生和音乐擦肩而过，他是对米开朗琪罗、达·芬奇那样的大画家极其推崇的人，却没有对巴赫、贝多芬、西贝柳斯们给予足够的关注。

　　他越过天籁而走，知有大美而不言。

　　或者他认为音乐是无须用语言来传达的，就像禅宗，就像佛祖拈花微笑，不能说，一说就是错？

　　或者他的性格本身对音乐心存一种恐惧，一种敬而远之，乃至远而弃之，就像他在《社戏》中所说的怕听"咚咚"。

　　或者他根本就没有领略音乐的奥义，远远听了，

❶ "擦肩而过"一般用于形容人与人之间相互错过，而在这里用来形容音乐，把音乐拟人化，体现了作者对鲁迅没有深入了解音乐的惋惜。

又远远地离去了。

他一生对音乐不感兴趣，是因为他忙于匕首和投枪，无暇洞悉最高处的天籁吗？

① 他离天籁之声那么近。

又是那么远。

延伸思考

1. 标题"鲁迅的别样风景"分别指的是什么？

_____

_____

2. 鲁迅在文学上的成就都有哪些？

_____

_____

3. 鲁迅为什么不赞成京剧改良？

_____

_____

❶ "那么远"又"那么近"看似矛盾，却并不相悖，说鲁迅离音乐近，是因为他与音乐有过两次亲密的接触；说鲁迅离音乐那么远，则是因为鲁迅没有深入了解音乐，且不赞同京剧改良，融入现代生活。

鲁迅的另类宠物

名师导读

　　宠物能够反映出一个人的性情，本文通过描写鲁迅的宠物来揭示鲁迅审美、性情的独特。以壁虎为线索展开行文，首先，写鲁迅养壁虎，并为壁虎辩护。其次，写鲁迅养壁虎的原因，壁虎拥有一种不易察觉的美。最后，写壁虎具有一定的象征作用，壁虎象征着绍兴会馆时期孤独、苦闷、彷徨的鲁迅。本文语言幽默且真实，具有一定的内在逻辑，虽为散文，但思路清晰。

　　留意民国文人的宠物是一件超乎文学本身，却又与文学唇齿相依的有趣话题。

　　1912 年至 1919 年，生活在绍兴会馆中的周树人不名一文，那时候他还不叫鲁迅，① 他就像一柄未出鞘的钝剑，显得极其脆弱、孤独和另类。这一时期的鲁迅，日常生活近于隐居修行，他读佛经、拓古碑、抄嵇康，除此之外，还煞有介事地养着宠物！

② 鲁迅的宠物，比起八旗子弟的遛小鸟斗蛐蛐，另类得简直像摇滚乐中的"耶稣与玛利亚锁链"（The Jesus&Mary Chain），相比较而言，八旗子弟们的宠物，则通俗、平庸得像"小虎队"了。

鲁迅的宠物是壁虎。

确切记述鲁迅养壁虎之事的，是鲁迅先生讨厌的一个人，叫章衣萍，他在其《枕上随笔》（初版本为北新书局 1926 年版）中写道：

壁虎有毒，俗称五毒之一。但，我们的鲁迅先生，却说壁虎无毒。有一天，他对我说："壁虎确无毒，有毒是人们冤枉它的。"后来，我把这话告诉孙伏园，伏园说："③鲁迅岂但为壁虎辩护而已，他住在绍兴会馆的时候，并且养过壁虎的。据说，将壁虎养在一个小盒子里，天天拿东西去喂。"

❶ 运用比喻的修辞手法，将不为人知时的鲁迅比作未出鞘的钝剑，生动形象地写出了当时鲁迅的声名并不高。

❷ 运用对比的修辞手法，把鲁迅的宠物和八旗子弟的宠物相比较，突出鲁迅所养宠物的独特。

❸ 鲁迅为壁虎辩护一事，表明了鲁迅对宠物壁虎的喜爱，描绘了一个可爱的鲁迅的形象。

章衣萍（1900—1947年），又名洪熙，安徽绩溪人，因筹办《语丝》，和鲁迅过从甚密。但在鲁迅眼里，章衣萍实在是个无聊的人，他先是出过一册《情书一束》，后来马不停蹄又出了一册《情书二束》。这两册书是什么样的书呢？姜德明著《书味集》（生活·读书·新知三联书店1986年版）中称："这种似小说又非小说的文字算不得什么文艺创作。"鲁迅看到章衣萍的《情书二束》后，讽刺地说，他也要出一本书，名字起好了，叫《情书一捆》。鲁迅最后真的把他和许广平的书信出版了，但名字叫《两地书》，众所周知，此书成为中国现代文学史上的经典，而章衣萍的那两束情书，早已灰飞烟灭，无人知晓。在《两地书》中，鲁迅把章衣萍化名为"玄清"，称章"目光如鼠，各处乱翻"，"到我这里来是在侦探我"。据鲁迅先生说，有时章衣萍来到西三条，让至客厅里坐亦会不高兴，非要挤进北屋一探<u>① "老虎尾巴"</u>里的"秘密"不可。

就是这样一个惹人讨厌的作家，他的侦探，使我们了解到了鲁迅鲜为人知的一面，不能不说是章

① "老虎尾巴"在这里是借代，代指鲁迅，鲜明地刻画了鲁迅威严的形象，章衣萍想要知道鲁迅的秘密，因此也会挤进鲁迅的北屋去一探。

衣萍 ① 歪打正着地为鲁迅研究者提供了珍贵资料，这使得后世的传记作家可以从容地铺陈鲁迅在绍兴会馆中的一些生活细节，如钮岱峰在《鲁迅传》（中国文联出版公司 1999 年版）里写道：

补树书屋毕竟太古旧了。严密少窗的北方民居有时以阴凉见长，而在真正的闷热来袭之时，却显出更加深重的压抑憋闷感。这儿壁虎很多，周树人发现它并非像人们所说的那样是五毒之一。在夏天里，他甚至养起了壁虎，养在小盒子里，而设法捉一些蚊蝇之类喂它。抄写石碑疲倦的时候，周树人往往会受不了老屋的闷热，到古槐树下手摇蒲扇纳凉。

钮岱峰为鲁迅作传的宗旨是"作传的客观化"，追求"和谐"，因为他认为"只有和谐才能接近历史的真实"。整体而言，他的《鲁迅传》叙述从容不迫、舒缓有致，且不乏生动和富有哲理的议论，达到了一定水准。从上述有关鲁迅养壁虎的细节看，钮岱峰对绍兴会馆环境的描写还是很到位的，壁虎成了原画复现真实的鲁迅的参照物。

❶ "歪打正着"说明做事的人是没有这样的目的，但是却恰巧完成了这样的任务。这里表明章衣萍的本意并不是为了给后世研究鲁迅的研究者提供资料，他只是出于好奇而已。

鲁迅先生饲养壁虎之事，成为他在绍兴会馆中的一个特殊符号。著名书法家沈尹默在20世纪50年代写的《追忆鲁迅先生》诗云："雅人不喜俗人嫌，世顾悠悠几顾瞻；万里仍旧一掌上，千夫莫敌两眉尖；窗余壁虎干饭香，座隐神龙冷紫髯；四十余年成一瞑，明明初月上风帘。"① 诗中，"窗余壁虎干饭香，座隐神龙冷紫髯"之句，使我们看到了屏息、静养、面壁、磨剑、修炼时的鲁迅，这是一个时代的沉默，是沉默中的一个时代，鲁迅，他就像即将爆发的地层下的岩浆，正在等待合适的温度冲天而出。

鲁迅为什么要养这么另类的一个宠物呢？

其实在人类宠物饲养史上，以丑为美的审美向度一直存在。斯芬克斯猫全身无毛，眼神恐怖，看了让人起鸡皮疙瘩，但在欧洲它可是一些爱猫者梦寐以求的珍品；② 沙皮狗头大嘴阔，看上去像袖珍版的河马，身背上的褶皱多得简直像百褶裙，却也让它的主人们如痴如醉。德国科学家近两年得出结论，认为人类对蜘蛛、蛇等动物的恐惧，源于原始社会先民的"苦难记忆"。但是，往往让人恐惧的动物身上有一种超越了常规向度的美，使人欲罢不

❶ "屏息""静养""面壁""磨剑"四个动词勾勒出一个严谨认真、安静而又激进的文人——鲁迅。

❷ "袖珍版"可以简单理解为"缩小版"，这里把沙皮狗形容为缩小版的河马，突出沙皮狗的丑萌、可爱。

能。动物学家汤姆逊这样评价蟾蜍："有一种难于发觉的美，也有一种易于发觉的美，蟾蜍的美就难于发觉。不过，假如我们征询几位精于审美的美术家们，他们一定会毫不迟疑地赞同蟾蜍的美。"也许正像汤姆逊发现了蟾蜍的美一样，鲁迅发现了壁虎的美，并成为养爬行宠物的"鼻祖"。

鲁迅养壁虎的同时，十分讨厌猫、狗等常规宠物。鲁迅笔下的狗，要么是叭儿狗，要么是落水狗，要么就是"丧家的资本家的乏走狗"，总之没一句好话。鲁迅的仇猫也是出了名的，究其原因，① 一是它的性情和别的猛兽不同，凡捕食雀、鼠，总不肯一口咬死，定要尽情玩弄，放走，又捉住，捉住，又放走，直待自己玩厌了，这才吃下去，颇与人们的幸灾乐祸，慢慢地折磨弱者的坏脾气相同；二是它虽和狮虎同族，却有一副媚态。于是，听到猫叫春，鲁迅就用长竹竿去攻击它们。梁实秋喜欢猫，给猫写过好多吹捧文章，不知道是不是这个原因，② 鲁迅骂起梁实秋来，更是不遗余力，"丧家的资本家的乏走狗"这一著名的桂冠，就是为梁实秋量身定做的。当然今天看来，鲁迅痛骂梁实秋与当时

❶ "放走，又捉住，捉住，又放走"这一系列猫在捕食后的动作，一定是经过细致观察的，由此可见鲁迅极其认真，对自己厌恶的宠物都进行过细致的观察。

❷ 反语，这里的桂冠并不是褒义，而是在讽刺、痛骂梁实秋为资本家的走狗，表现了鲁迅对梁实秋的厌恶。

的文化语境密切相关，主要是梁实秋的文学观念与同时代的文学主潮呈离心关系，他本身又具有浓厚的中国传统士大夫精神、贵族意识和保守意识，他以"人性"否定"阶级性"，并进而否定为先进的政治力量登上历史舞台而呐喊的新兴无产阶级革命文学运动，在当时是逆历史潮流而动的。因此，从文学思潮的角度讲，当年鲁迅代表左翼文艺阵营对梁实秋的批驳，至今仍闪耀着阶级分析的光辉，并没有什么片面性。当然，从文学理论的层面分析，梁实秋所谓"表现人性的文学，才是有永久价值的文学"确有其合理性，这也正是新时期以来人们给这位文学思潮中的"反动文人"平反的理论依据，这则是另话了。

鲁迅的特殊宠物观与其在绍兴会馆时期联系起来看，才具有某种 ① 能指的价值。

把壁虎作为宠物的鲁迅，在绍兴会馆中是孤独、苦闷、彷徨的，壁虎是他生活情趣的一部分。他经常聚众夜饮，一街之隔的"广和居"，一年中就去了20余次。绍兴会馆时期，是这位清醒的智者一生中蓄积能量的蛰伏期。这一时期的鲁迅，真正理

❶ "能指"是语言学家索绪尔提出的一个概念，索绪尔认为任何语言符号都是由"能指"和"所指"构成的，"能指"指语言的声音现象，"所指"指语言所反映的事物的概念，也就是词语所蕴含的意义。该句的意思是鲁迅的特殊宠物观与鲁迅在绍兴会馆时期有着直接的联系。

解了黑暗中人性的挣扎，理解了他此后专题演说的阮籍、嵇康之流的魏晋风度，他的个性也逐渐露出端倪：叛逆性格、批判精神和烈士风度。

一个手无寸铁的书生，马上要告别他的宠物壁虎，融入伟大的"五四"时期，成为新文化运动最坚定的旗手和最优秀的男高音！

延伸思考

1. 文章中都提到了哪些学者趣事？

_____

_____

2. 作者在说明鲁迅喜欢壁虎的时候，列举了西方人喜欢斯芬克斯无毛猫和沙皮狗的例子，同时阐明了一个欣赏艺术价值的标准。谈一谈这个标准是什么。

_____

_____

3. 赏析"鲁迅，他就像即将爆发的地层下的岩浆，正在等待合适的温度冲天而出"一句有何表达效果。

_____

_____

鲁迅三迁

——从景云里到大陆新村的流寓

名师导读

　　本文围绕鲁迅在上海九年期间的三次搬迁展开叙述，从吵吵闹闹的石库门社区景云里到国际化公寓拉摩斯公寓，再到更加高档的别墅级社区大陆新村。鲁迅在上海时期似乎一直处在一种漂泊不定的状态，这与那个时代有着莫大的关系，反映出当时的中国正处于抗战、军阀混战的时代背景。本文按照时间顺序依次讲述鲁迅在上海住房的历史，作者也谈到不同时期鲁迅对上海的态度。

　　1927 年 10 月 3 日，47 岁的鲁迅携许广平抵达上海虹口，在这里度过了生命中的最后九年。

　　九年间，鲁迅迁居三次——从景云里 23 号经由拉摩斯公寓到大陆新村 9 号。这一迁徙的过程，① 由"暂寓""亦非久计""尚未定迁至何处""抑归北平""另觅居屋""居大不易""又无别处可去"等词语构筑而成，全程伴随着犹豫与彷徨，有着某种流寓的特点，成为鲁迅晚年精神气质的一部分。

2018 年的一天，我专程前往虹口区四川北路一带寻找鲁迅的踪迹。

热闹非凡的鲁迅公园中，油菜花开得正旺，一支老年人组成的铜管乐队正在排练，高龄乐手们沉浸在亲手制造出的巨大乐声中。② 两株高大的广玉兰保护着的鲁迅墓地朴素庄严，毛泽东亲书"鲁迅先生之墓"镌刻在墓室后方的砖墙上，使其具有某种国家尊奉的意义。三五群当地居民将手中的布袋和水瓶挂在树枝上，正在打太极拳，似乎并不忌讳与一位伟大文学家的墓地相伴。若是比赛日，旁边的足球场一定沸反盈天，谁能想到一箭之外，球迷座位的身后，安息着大先生呢？

鲁迅纪念馆的陈列较前几年也有很大的变化，增加了电子展示屏，所播 1936 年鲁迅葬仪的录像殊为珍贵，鲁迅身后哀荣于此可见。三面使人咂舌的

❶ "暂寓""居大不易"等一系列词语不仅写出鲁迅生活上的动荡、流离，也反映了鲁迅思想上产生的波动。

❷ "保护"一词，将"广玉兰"拟人化，赋予其人的特性，生动地写出广玉兰对鲁迅的守护，表明作者对广玉兰的喜爱，以及对鲁迅的爱戴和尊敬。

巨大书墙，借鉴了西方美术馆后现代展览的装置美学，煞是好看，且添置了近年来新的鲁迅研究成果。鲁迅著作初版本则分散到各个陈列单元，它们是现代文学史上的标志性"纸上建筑"。鲁迅同时代作家的著作初版本，如高长虹《心的探险》、萧红《生死场》、许钦文《故乡》、叶紫《丰收》等，这次也得睹真容。这些珍贵的版本整体营造出民国时期狂飙突进的时代风气，令人大饱眼福。馆内竟也允许拍照，虽然隔着反光的玻璃，也毫不影响民国版本的时代风神。

一

鲁迅晚年选择在上海虹口这一帝国主义势力越界筑路的租界安身，看似无心，实则有意——此处进可攻，退可守，有许多周旋空间，可以从容应对"官民的明明暗暗、软软硬硬的围剿'杂文'的笔和刀"。[①]他将"租界"二字各取一半，写作"且介"，用以命名自己的杂文集。鲁迅这一时期的杂文，"有着时代的眉目"，但他同时也说："我只在深夜的街头摆着一个地摊，所有的无非几个小钉、几个瓦碟，

❶ 说明杂文集《且介亭杂文》名字的由来，且介各取自"租借"的部件，体现了中华文字文化的博大精深，源远流长，也体现鲁迅取字之精妙。

但也希望，并且相信有些人会从中寻出合于他的用处的东西。"

鲁迅是中国现代文学这条大河的重要源头之一。我已不再满足于鲁迅纪念馆的书墙带来的冲击，要探访虹口区鲁迅留下的足迹——那在深夜的街头摆着的"地摊"，究竟是何等模样？鲁迅的频繁迁徙，是否也映衬着他对上海的态度？

初到上海，鲁迅寓于共和旅馆，五天后，便和许广平迁居景云里 23 号。

上海的典型地名是"里"，即由多条弄堂组成的集中连片的住宅单元。北京有胡同，上海有弄堂，各自代表着所在城市的一部分气质和颜值。^①弄堂像上海滩的毛细血管，细小却充满生机。鲁迅晚年活动的四川北路这一带，有景云里、永安里、求安里、恒丰里、四达里、东照里等等，甚至有些里弄还受到日本文化的影响，如千爱里等。

景云里在多伦路上。多伦路是一条或多或少保留着民国风情的上海老街，旧书店、咖啡馆、杂货铺散落其中，不时可见民国文化名流的官邸或旧居。旧书店把老版本的鲁迅著作立于玻璃橱窗的显眼

❶ 用拟人的修辞手法，把上海拟人化，弄堂变成血管，充满生机。同时也写出了上海这座城市的特点，上海是一座生机勃勃的城市。

❶ 把现在上海陈列的民国的物事比作上海滩的道具厂，生动形象地写出了陈列的物事之陈旧，也写出20世纪初叶上海的旧风情。

❷ 一方面写出大多数上海的人们对现代文学这段历史并不十分关注，另一方面也传达出作者的落寞之情。

处。① 老杂货店中有很多民国物事，像一个巨大的上海滩道具场，其中的黄铜信箱口背面有弹簧装置，可自动复位，古意盎然，但索价奇高。我沿途不停打问景云里的位置。手机上的高德地图显示就在附近，但总是不得其门。② 上海街头多外地人，这个现代文学史上如雷贯耳的地名并不为更多的人所膜拜和熟知，很多人都茫然地摇摇头。最后在多伦路遇到一位热心的大妈，专门带我到弄堂口。

沿多伦路向南，道路分岔的西边，横滨路35弄，可以清楚地看到砖雕的"景云里"三字，灰框红字，十分醒目。一位女子正将晾晒的衣服从高处取走。弄堂口拆了一半的卷闸门上，涂鸦着一个巨大的鲁迅半身像。

景云里建造于1925年。1927年10月至1930年5月，鲁迅和许广平在此生活。时光回流到20世纪20年代末，出进景云里的，一定会有这样一位先生："穿蓝长衫的，身材小而走着一种非常有特色的脚步，鼻子下蓄着浓黑的口髭，有清澄得水晶似的眼睛的，有严威的，哪怕个子小却有一种浩大之气的人。"（内山完造）

弄内第二排最后一幢，即是景云里23号。我先找到的是后门，门扇上钉着一个简陋的木质信箱，墨书收信人居然也姓"周"。后门旁是一扇小小的铁门，门外便是大兴坊。周围的住户也许见多了我这样的朝圣者，并不感到奇怪，指点我绕到前门去。前门的墙壁上悬挂着"鲁迅寓所"的标志，门扇上喷着两行白字："创建安全小区，防火防盗防毒。"还钉着一个铁质信箱，上置几小盆绿色植物。房门紧锁，貌似很久没有打开过，但邻居说至今还有人租住。对门一家住户伺弄的花草占满了屋前的空地，衣物挂满屋门两侧——上海人是很贪恋阳光的。

景云里23号是"密斯许"和"小白象"的爱巢，民国著名"师生恋"的大团圆结局就发生在这所房子中。鲁迅搬到景云里的第一天就过得十分舒心：购书、外出吃饭、看电影，完全是一种令人向往的小资生活。1928年，川岛见到的鲁迅是这样的："不但是精神愉快、旺盛，而且使我对他有一种新鲜的感觉：①脸上气色很好，不像以前那么沉郁而带着苍白色了；人也似乎胖了一些；身上的衣着也比以前整洁得多。"川岛把这种变化归功于许广平的照顾。

① 运用神态描写和外貌描写，写出鲁迅由苍白逐渐变得红润的气色，身材和衣着的变化，也说明鲁迅这一时期精神状态较佳。

鲁迅在上海的九年，虽然只占其生命的不足六分之一，却因为许广平的原因，而成为鲁迅一生名副其实的下半场。许广平使鲁迅有了家，虽然只是租住，但在许广平眼里，"景云深处是吾家"，其间包含几多深情几多思念啊。

景云里一带在上海滩并不属于国际化程度很高的光鲜的地方，如今的景云里更像城中村，城市管理的力量还比较弱，三五个工人正在巷口组装摩拜单车。这里到处拆迁，一派芜杂，其实当年也不清静。由于隔邻就是大兴坊，①北面直通宝山路，竟夜行人，有唱京戏的，有吵架的，声喧嘈闹，加之周围住户平时搓麻将时将牌重重敲在红木桌上的声音像惊堂木一样，辅之以高声狂笑，鲁迅颇以为苦，常掷笔长叹。

景云里甚至还上演过上海滩警匪片，砰砰的枪声接连不断，他们只好蛰居斗室，听候究竟。事后了解，原来是警察和绑匪对射，绑匪打死了一个警察，警察打死了两个绑匪。流弹还打穿 23 号的一扇玻璃窗，留下圆圆的一个小洞。

②我非常好事地试图在窗玻璃上找到那个弹孔，

① 运用环境描写，写景云里热闹的周边环境，有唱戏的、吵闹的、打麻将的，一派热闹景象，同时也为下文写鲁迅居住在闹地的苦闷和无奈做铺垫。

② "好事"带有一丝贬义色彩，作者在这里用到自己身上，反倒显得有些可爱有趣，也有些自贬的意思。

当然早已无存了。

　　鲁迅在景云里租住期间，与柔石、冯雪峰过从甚密，也结交了美国进步作家、记者史沫特莱。这一时期，同人对景云里中的鲁迅也有过零星描述。如 1927 年 11 月的一天，陶元庆和钱君匋共访鲁迅，① "当我们到了横滨路景云里，刚一进门，鲁迅先生就从楼上下来迎接，我们跟他上楼"，谈到封面设计民族化的问题时，鲁迅将其所藏画像石拓片取出来与来客欣赏探讨，提醒他们是否可以从这些东西中吸取养料。由于拓片幅面过宽，鲁迅把拓片一直从楼上铺到楼下，逐幅作了一些必要的说明，一直看到将近午饭时分。

　　这只是景云里一次沙龙形式的交谈互动，相当于今天所说的"微讲堂"。类似的活动，几乎每天都在景云里发生。

　　生活在景云里的鲁迅出版了《小约翰》《唐宋传奇集》等多部著作，海婴也出生于此。但是，苦于终日伏案写字，晚上的打牌声又往往打扰得无法入睡，鲁迅就想变换变换。最初也只是在弄堂里搬，先后住过 18 号和 17 号，后来就搬出了景云里。

❶ 此处刻画出一位谦卑的伟人形象，在客人刚进门之时，便从楼上下来迎接，一位和蔼可亲、平易近人的伟人诚然立于眼前。

二

1930 年 5 月 12 日，经内山完造介绍，鲁迅从景云里搬到四川北路拉摩斯公寓 A3 楼 4 号，这是鲁迅在上海的第二处居所。在鲁迅的作品中，文末标注的"鲁迅于上海闸北寓楼记"字样，指的就是此处。那时租房要付"顶费"，即后任房客抵付前任房客的装修费用，相当于转手费。拉摩斯公寓的顶费是 500 大洋，鲁迅分期付款，先付以 200 大洋。

拉摩斯公寓 1928 年由英国人拉摩斯建造，现在叫北川公寓，在四川北路与多伦路的夹角处，楼前有一个报刊亭，易于寻找。我购买了一份当年诞生于上海"孤岛"的《文汇报》，借机向亭子内的老大爷确认拉摩斯公寓的位置。他脸上现出不屑的神色——① 这楼上以前住的是名人，现在什么人都有！

无论如何，这也是名人凤栖之所。圆拱形单元门前钉着"虹口区文物保护单位"的标志牌，楼房结构保持了原貌，阳台上物件清楚可见，可惜没有对游人开放，我只好仰望鲁迅住过的三楼四室表示崇敬了。

❶ 现在与以前对比，形成强烈反差，以前是鲁迅的居所，现在却是什么人都有，同时也从老大爷不屑的神情可以推断出现在住户的素质和声望并不高。

① 拉摩斯公寓是一幢国际化的公寓，当年房客大多是外国人。右侧对面是内山书店，左侧斜对面是日本海军陆战队司令部，离此不远是虹口公园（今鲁迅公园）。虽然是国际化公寓，但条件也很一般，特别是一下雨，门前就积水，鲁迅日记中常有"门前积水尺余""门前积水盈尺""寓屋漏水，电灯亦灭"的记录。同时，拉摩斯公寓的房子窗户是朝北的，见不到阳光，在致增田涉的信中，鲁迅说："现在我的住所空气虽不太坏，但阳光照不进屋，很不好。俟来年稍暖和时，拟即搬家。"

生活在拉摩斯公寓的鲁迅，处于盛传被捕的谣言中，为此，鲁迅几乎每天都在澄清更正。所谓三告投杼、贤母生疑，对此，鲁迅是很郁闷的。柔石等"左联五烈士"被枪杀后，"旧朋友是变化多端，几乎不剩一个了"，鲁迅不得不迅速收缩自己的生活状态，谢绝人事，结舌无言。

到了1932年，鲁迅亲身经历了"一·二八"事变——日军有预谋地向上海闸北的国民党第十九路军发起了攻击。"此次事变，殊出意料之外，以致突陷火线中，血刃塞途，飞丸入室，真有命在旦夕

❶ 运用空间描写，对拉摩斯公寓周围的布局进行介绍，如拉摩斯公寓左右的机构和不远处的鲁迅公园，使人如临其境。

之慨。"（致许寿裳）

在内山完造的邀请下，鲁迅和周建人两家到内山书店避难。鲁迅日记："下午全寓中人俱迁避内山书店，只携衣被数事。"内山书店正对面一路之隔就是日本海军陆战队司令部大楼，此时的内山书店已成了日军进攻中国的据点，在此避难的鲁迅一家看到了什么呢？许广平如实记录："这里我们看到内山书店中人忙乱不堪：日本店员加入了在乡军人团做警卫工作，店内不断烧饭制成饭团供应门外守卫的军人进食。① 我们则蹲在楼上度日如年。"眼前的情景以及耳边的枪炮声、街头守卫的踱步声，使许广平体会到了"互相领会其情的，却又不便深问的情绪杂然纠缠在一起的难以名状的味道"，这何尝不是鲁迅的情绪。中国正遭受日本的侵略，鲁迅却只能在日本人开的书店中避难，这正是"一·二八"事变期间鲁迅日记连续五天失记的根本原因。后来在给友人的书信中，鲁迅也绝口不提这五天的行踪，自然有避免引起误解的考量。

单纯从安全角度考虑，鲁迅避居日本人开的内山书店，后来又避居离战场更远的内山书店支店，

① "度日如年"写出许广平和鲁迅在抗日战争期间避难时的煎熬，自己的祖国遭受侵略自己不仅无力反抗，还得时时刻刻躲在日本人的书店求自保，体现了弱国子民在逃难时的辛酸。

是唯一的选择。

日军进攻上海，对这一侵略行径，鲁迅的态度其实是很明确的，①他不仅在上海文化界告世界书上署了名，也在《赠蓬子》《"一·二八"战后作》等诗歌中表达了反对战争的情绪，以"我亦无诗送归棹，但从心底祝平安"祝愿日本友人，把他们与日本侵略者区别对待。当然，战事和时局也影响了鲁迅对待友人的态度。内山书店的常客、日本僧人杉本勇乘曾购买了一把竹制的玩具水枪和一个玩具火车头，送给周海婴作礼物，鲁迅接过去后开玩笑："你虽然身穿和尚服，还是日本人哪！还是带着枪来的嘛！"鲁迅后来也曾承认"对杉本氏有些出言不恭"。不难想见，鲁迅对在内山书店避难的经历是耿耿于怀的。

鲁迅一家在避难漂流的过程中，海婴忽然生了疹子。那一段时间上海是雨雪天气，大冷，因此全家急忙迁往大江南饭店。这样做，②一方面，"冀稍得温暖"，有利于治疗海婴的疹子；另一方面，从更深层次的心理分析，鲁迅是想借此从避难的内山书店支店离开，不再寄人篱下。

❶ 写出鲁迅明确的道义观和国家利益观，对待日本侵略者，鲁迅十分痛恨他们，反对他们的暴力行径；然而对待日本人友人，鲁迅却并不痛恨他们，他明白国家的暴力行径与个人的暴力行为并无直接关系，日本人中也有反对侵华战争的。

❷ "一方面……，另一方面……"体现了作者在叙事时的逻辑性，条理清晰，既交代了鲁迅一家急忙迁往大江南饭店的直接原因，又交代了鲁迅不想寄人篱下的深层次原因。

因"一·二八"事变引起的避难前后共计20天，迁回拉摩斯公寓后，在写给母亲与友人的书信中，<u>①鲁迅像他笔下的祥林嫂，先后七次唠唠叨叨地重复战事所致损失：弹片毁门窗三四孔，震碎窗户玻璃十一块，被窃衣服什物二十余事</u>。不过，此"皆妇竖及灶下之物"，鲁迅自己仅损失洋伞一柄，他认为火线之下，这一待遇已是"大幸"了，颇有点幸灾乐祸的意思。

经历了这次战事，鲁迅似乎对生死更加参透了一层，因此，他对较能推心置腹的学生李秉中发起了感慨："时危人贱，任何人在何地皆可死。"他也显得更加人情练达，劝李秉中遇事冷静，"因一时之刺激，释武器而奋空拳，于人于己，两无益也"。战事过去近三月后，鲁迅致信李霁野："此次战事，我恰在火线之下，但当剧烈时，已避开，屋中四炮，均未穿，故损失殊少。"此时鲁迅之轻描淡写，已大有<u>②"两岸猿声啼不住，轻舟已过万重山"</u>之感。至此，"一·二八"事变带给鲁迅的影响开始渐渐弱化了。

在鲁迅眼里，这次抗战，抗得轻浮，杀得切实，

❶ 把鲁迅比作他笔下的人物——祥林嫂，写出在战争时期鲁迅的啰唆，同时也体现了战争情况下鲁迅的惊慌，鲁迅唠叨着自己的损失，也说明鲁迅对战争的痛恨。

❷ 引用诗句，间接写出战争时四处哀号、枪林弹雨的血腥场景，同时也表明现在已经度过了最危急的时刻，因此有一种如释重负的感觉。

当局也没有发表过战死的兵丁和被杀人民的数目，连戏也懒得做。北四川路一带很快又热闹起来，仿佛不曾发生过战事。

三

1933年4月11日，经内山完造介绍，鲁迅携妇儿搬至大陆新村9号，方位大致从内山书店的西南迁至东北。

我专门从拉摩斯公寓步行前往大陆新村9号，前后不过五分钟，中间要经过三角路口的内山书店。

鲁迅对书店和印刷厂的要求是很苛刻的，认为上海的书店旋生旋灭，投机的居多。印刷厂也是"脾气亦大，难交涉"。内山书店独能受鲁迅器重，绝非偶然。

内山书店是现代文学史上最著名的书店，远非其他普通书店可比。书店创立于1917年，鲁迅频繁到书店买书，参加文艺漫谈会，组织和参与"左联"的活动，并且和内山完造互有酬请。1930年，鲁迅的名字上了国民党的一份①"勾命单"，"蓝衣社"拟谋杀中国共产党领袖、左翼作家、反蒋军人政客，

❶ 鲁迅被列入"勾命单"，写出鲁迅所处的境况之危险，这也是很多人称鲁迅为战士的原因。

鲁迅因此避居内山书店达一月之久。联系到前文所述战时避难，鲁迅和内山书店唇齿相依的关系显而易见。

我很容易就寻访到了内山书店旧址，是四川北路 2050 号。书店坐北朝南，现在是一家工商银行，外墙嵌着 1980 年公布的"内山书店旧址"的牌匾，以及内山书店简史。不过银行已关闭，门口所贴告示称，因业务发展需要，该网点临时停业，自助机俱亦停机。我未看到装修迹象，是否如大家所愿专辟为内山书店纪念场所，不得而知。

经过内山书店，去山阴路的大陆新村本该朝东北方向走，①但我一时疏忽，判断错了方位，向东竟然到了溧阳路，便将错就错，根据地图标注，寻访了鲁迅的秘密藏书室旧址。

这是一幢建于 1920 年的红瓦灰墙砖木结构的三层新式里弄房屋，在四川北路派出所斜对面，门牌号是溧阳路 1359 号，鲁迅的藏书室在二楼东前间。此楼外观普通，目前是私宅，旁边开着一家咖啡店，又注明系某某装饰接待处。本是普通房屋，因曾经贵为鲁迅藏书室而略显神秘色彩。②"有趣的是，可

❶ "将错就错"一词写出此次旅途参观的随意性，同时也带有一丝奇遇和冒险的色彩，写出参观拜访旅程上的不确定性和不因循守旧的特点。

❷ 两个"1359 号门牌"既是两家对于文化资源的争夺，又是两家对鲁迅的追捧，说明鲁迅在此处受到喜爱和热捧。

能出于对鲁迅藏书室这一珍稀文化资源的争夺，楼房临街相邻的两家门脸，同时使用着 1359 号门牌。

1933 年的上海虹口是不安宁的，白色恐怖弥漫，柔石等"左联五烈士"被国民党龙华警备司令部秘密杀害，杨杏佛被暗杀，鲁迅也受到国民党的通缉，常常受到特务们的监视。"此地变化多端，我是连书籍也不放在家里的。"（致曹靖华）在"运交华盖欲何求"的特殊岁月，为了妥善珍藏书籍，鲁迅以"镰田诚一"的名义租下这间屋子作为藏书室，并且把"镰田诚一"的长方形木质名牌挂在门口。

镰田诚一是内山书店职员，曾帮助鲁迅布置了三回德俄木刻展览会，危难之际，也是镰田诚一护送鲁迅和妇孺逃入英租界。① 鲁迅对镰田诚一是心怀感念的，镰田诚一年仅 28 岁去世后，鲁迅罕见地为其撰写了墓志，评价其"出纳图书，既勤且谨，兼修绘事，斐然有成"，惋惜其"蕙荃早摧"，情动于中，不能自已。作为中国现代文学的旗舰型人物，鲁迅一生只为韦素园、曹靖华的父亲曹植甫及镰田诚一三个人写过碑铭，唯独没有给同时代政治、经济、文化界的"大亨"们题写，这个有趣的现代文

❶ 写出两人之间跨国的交情，镰田诚一护送鲁迅，鲁迅感念镰田诚一。鲁迅为镰田诚一的英年早逝感到惋惜，并为其写下墓志。

学史话题很是意味深长。

据周海婴回忆，鲁迅的习惯是，平时只将日常要用的，或新近买的书存放在家里，二楼卧室的书柜总是塞得满满的，连顶上也堆着一包包的书。除此之外，狄思威路（即今溧阳路）才是他主要的藏书处。唐弢写信向鲁迅借《清朝文字狱档》，但这本书恰好藏在狄思威路，因此鲁迅回复说："去年因嫌书籍累坠，择未必常用者装箱存他处，箱乱而路远，所以不能奉借了。"在写给友人的信中，鲁迅把这一藏书室称作"一个冷房子"。鲁迅逝世的当年，他曾因到这个冷房子找书，不小心中寒而大气喘，几乎倒下，急忙注射一针，始渐平复，但也不得不卧床三日才能起身。

鲁迅藏书室目前没有对外开放，①但我对鲁迅亲自设计的活门书柜很感兴趣——本色无漆的木质书箱犹如一只只小小的集装箱，装满书就是书箱，打开来就是书架，随时都可以装上汽车运走。除了藏书，其中还有瞿秋白、柔石等人的手稿和纪念物。鲁迅逝世后，许广平携子移居淮海中路淮海坊，将这里的藏书也带走了。

❶ 运用细节描写，详细描写鲁迅的书柜方便打开、方便搬运的特点，刻画了鲁迅——一个十分机智、精明的文人形象，表达作者对鲁迅所设计的书柜的喜爱。

我注意到，寓居上海时期，鲁迅在四川北路这一带的活动轨迹，始终以内山书店为轴心，辐射到周边。四川北路和鲁迅有关的地名，分别是：① 景云里、拉摩斯公寓、大陆新村、溧阳路藏书室，这些地方都像一颗颗小钉子，被牢牢吸附在内山书店这块磁铁四周，就连 1956 年 10 月自万国公墓迁葬至虹口公园的鲁迅墓，也鬼差神使地以内山书店为轴心，且弥补了北侧的空白，形成一种生前身后的平衡。

这真是一个十分有趣的现象。鲁迅在上海的九年，内山书店是他的公共书房、接待室、授课室、收发室、避难处，是其生活、写作、社交的总策源地。

懂得内山书店者，懂得鲁迅在上海的生活大半。

鲁迅逝世前一天（1936 年 10 月 18 日），用日文给内山完造写了便条："老板几下：没有到半夜又气喘起来。因此，十点钟的约会去不成了，很抱歉。托你给须藤先生挂个电话，请他速来看一下。"

这是鲁迅的绝笔。

他把对爽约的歉意留给了内山书店，更把对活着的渴望留给了内山书店。

❶ 运用比喻的修辞手法，把内山书店比作磁铁，把周围的景云里、拉摩斯公寓等鲁迅经常活动的地方比作小钉子，生动形象地写出了内山书店是鲁迅活动的主要场所，对鲁迅来说十分重要。

181

四

一位和气的保安为我指点了前往大陆新村的路线，并强调必须在四点前赶到那里，否则就跑空了。

通往大陆新村的路侧笔直高耸着水杉，^①这是一种上海常见的端正的树，它们的思想似乎从不跑毛，一门心思向上，再向上，把自己长成了一支支饱满的毛笔，并排直刺晴空，连顶端都像用剪刀修剪过一样整齐。这片历史上的租界地区，有许多红色老洋楼，看上去落落大方，并不过时。

大陆新村在山阴路，街面两侧都是一排一排的石库门老房子，梧桐罗列，可以想见夏天有大片荫凉。一些人家还在铁艺玻璃窗内置有鲜花，悦人悦己，十分雅致。沿途所见每个里弄几乎都有名字，如"淞云别业"，院内遍植绿株，真是栖居佳所。

上海·虹口区·四川北路·山阴路·大陆新村9号——仿佛卫星定位一般，在偌大的上海，我安步当车，找到了这个现代文学史上著名的信号源。大陆新村建成于1931年，由大陆银行上海信托部在越界筑路的半租界投资建成，故名。这是一群砖木

❶ 描写树木端正、笔直，同时把树木拟人化，好像树木也是有思想般，一心向上，长成一棵棵高大、笔直的树。

结构、红砖红瓦的三层新式里弄房屋，相当于现在的联排别墅，前后共六排。弄堂口悬着郭沫若题写的"鲁迅故居"四字。

相对许多芜杂的上海弄堂，大陆新村由于有鲁迅故居的原因，整治得很整洁。其中9号是鲁迅故居，8号是讲解员休息室，10号布置了小展室和售票处。

我是当天参观鲁迅故居的最后一位游客，这里下午四时就停止检票，工作人员脸上已显出准备下班的跃跃欲试的表情。一位志愿者负责带我参观故居，保安认真打开故居的大门，叮嘱不得拍照后，却并不远离，一直紧跟我们身后，也许还是出于安全考虑。① 故居分为三层，一楼是起居室、餐厅和厨房，二楼为卧室兼书房、客房和大卫生间，三楼为海婴的卧室和亭子间。

鲁迅于1933年4月11日迁居或者说流寓至大陆新村9号，至1936年10月19日逝世，生命的最后三年半是在此度过的。

这处房子是内山完造寻找并以内山书店职员的名义租赁的。此前的3月21日，鲁迅日记载："决定居于大陆新村，付房钱四十五两，付煤气押柜泉

❶ 描写鲁迅故居的大小、格局分布，按楼层逐层介绍，条理分明，使人易于明白，也让人觉得伟人和常人的日常起居差别并不大。

廿，付水道柜泉四十。"此处"房钱四十五两"亦系付给前任房客的"顶费"。

大陆新村 9 号堪称一处豪宅，这是一处独门独户的三层新式里弄住宅，[①]鲁迅一家也享受着 20 世纪 30 年代上海最前沿的科技成果，如带有大浴缸和抽水马桶的卫生间，多功能煤气灶和可以为二楼的卫生间供应热水的炮仗炉子、许广平使用的缝纫机、为海婴购买的留声机等。尽管由于卖文艰难，出书不易，鲁迅的生活一度还是非常窘迫，但他至此算是过上了上海中层阶级生活。

因为拉摩斯公寓窗户朝北，不见阳光，鲁迅迁居大陆新村，完全是为了家人的健康。搬入新居后，鲁迅在与亲友的通信中，喜不自禁地通报了对新寓所光线、空气的满意，以及新寓对海婴身体状况的助益。甚至"我这次的住处很好，前面有块空地，雨后蛙声大作，如在乡间，狗也在吠"的描述，鲁迅仿佛在享受城乡接合部的喜悦，难得地表现出了流寓至此、内心安定的一面。

鲁迅去世于二楼的那张床上。我仔细观看室内的布置，寻找它们与现代文学之间的蛛丝马迹。尽

① 描绘 20 世纪 30 年代的上海中层阶级的生活样貌，为我们今天了解那个时候的生活提供了史实依据，抽水马桶、缝纫机、留声机在那个年代早已存在。

管由于时代的隔膜以及世事的折腾变迁，这座供游人参观的三层私宅无法保留更多属于鲁迅的声色气息，但它无疑是离鲁迅本身最近、最真实的一个物质场所。

①鲁迅的书桌是西式翻盖书桌，本是瞿秋白离开上海时寄存在鲁迅家的。1935 年瞿秋白在福建长汀被国民党枪杀后，这张书桌就成了鲁迅保存的故物。物件不言，自有温度。书桌的乌龟背上插着三支"金不换"的毛笔，这是绍兴当地自产的毛笔，价廉物美，最受鲁迅喜爱。功夫到处，飞花落叶皆是兵器，"金不换"就是如椽巨笔。绿色的台灯是冯雪峰赠送的。带有"美丽牌"香烟广告的日历停留在鲁迅逝世的 19 日，"有美皆备，无丽不臻"的广告语依然打动人心。马蹄钟是静止的，定格在鲁迅逝世的那一刻：10 月 19 日清晨 5 时 25 分，当是后人布置故居时有意为之。茶杯当然是空着的，有古诗中"白云千载空悠悠"的失落感。

鲁迅是以笔为旗在上海滩谋生的，"因为我不会拉车，也没有学制无烟火药，所以只好用笔来混饭吃"，并且②"忽被推为前驱，忽被挤为落伍"。

❶ 细节描写，对鲁迅故居的物品逐一进行细致描写，交代它们的由来。这些场景把鲁迅的友人、所用器具一一展现在眼前。

❷ "五四"新文化运动时期，鲁迅被奉为先驱，以笔为武器展开思想交锋。而到了 20 世纪 30 年代，鲁迅被左翼文学所排斥。

（《在上海的鲁迅启事》）在这张堪称海上文坛功臣的老桌子上，鲁迅先后写下了 280 余篇杂文，而一楼会客厅的那六把椅子上，也曾接待过瞿秋白、茅盾、冯雪峰、内山完造等人，萧红、萧军更是常客。

萧红是和大陆新村 9 号关系最密切的作家，她于 1935 年 10 月 1 日深夜慕名拜访鲁迅后，鲁迅执意将她送出门外，指着隔壁一家茶馆的牌子，又指一指自家的门号，对萧红说："下次来，记住'茶'的旁边，9 号。"

^①"'茶'的旁边，9 号"便在现代文学史的波澜深处，成为一处醒目的印记。

^②大陆新村 9 号是清静的，"就连厨房里的洗米声和切笋声，都分开来听得样样清清晰晰"。但也不是永远这般清静，鲁迅当年的邻居周丽华老人回忆，鲁迅在此间深居简出，习惯深夜写稿，"我们常常一觉醒来，还听到他在写稿，不时发出轻微咳嗽和吐痰声"。鲁迅不仅写文章骂人，"日常在家里也往往骂人，而且大喊大叫地骂人，我们在隔壁都听得清楚"。在这处租住的房间中，一个伟大的头脑正在超负荷高速运转。他是自在的，也是孤独的。他

❶ 萧红拜访鲁迅，鲁迅为了让萧红记住他家的位置而跟萧红讲的话。这句话仿佛成了这个故事的象征。

❷ 以动衬静，通过写厨房的洗米声和切笋声都可以听得清清楚楚，来衬托大陆新村 9 号的幽静。

是愤怒的，也是悲悯的。他的影响是如此宽广，以至于逝世后，小贩、报童、人力车夫也加入了悼念的行列。

鲁迅逝世后，大陆新村9号也见证了世事的无常变迁。先是许广平母子迁居到淮海中路的淮海坊，接下来日本人占住了大陆新村9号。抗战胜利后，茶叶专家吴觉农将其作为私人寓所的一部分。新中国成立后，此地又是太平洋轮船公司的职工宿舍。后经周恩来批准，许广平指导，征用并复原了房屋成为鲁迅故居。

神安其所，物归其位，这是一座房屋配享得恰如其分的待遇。

五

鲁迅生命的最后九年，①在上海滩四川北路三迁其址：景云里是吵吵闹闹的石库门社区，拉摩斯公寓是国际化公寓，大陆新村是更加高档的别墅级社区。他辗转腾挪于风雨飘摇的旧上海，内心的彷徨与动荡全部流露在致友人的书信中。

②鲁迅对上海的态度比较复杂。

❶ 三次迁家，从景云里到拉摩斯公寓再到大陆新村，写出鲁迅生活的漂泊流离，战乱时期的国家背景，使得处于那个时期的鲁迅漂泊、彷徨。

❷ 鲁迅对上海的态度复杂，意味着鲁迅对上海的感情不只是从一个方面出发的，鲁迅喜欢上海的便利，却又讨厌上海的市侩气息。

一方面，鲁迅需要上海，晚年选择上海，无非想寻个饭碗，因为上海较便当，信息较灵，做事易于措手，还可以卖点文章。

另一方面，鲁迅又对上海颇多微词。笔者梳理了鲁迅在书信中对上海的 39 处评价，举其要者有：上海人惯于用商人眼光看人、上海秽区、上海是势利之区、上海的小市民十之九昏聩糊涂、沪上实危地、上海文人反脸不相识、上海专以利害为目的、中国新文人漂聚于上海者尤为古怪、上海总不是能够用功之地、居上海久眼睛市侩化、上海靠笔墨很难生活、上海真是是非蜂起之乡、上海文坛不干不净、上海以他人的生命来做买卖的人颇多、上海这地方真也不能叫人和他亲热、上海真是流氓世界、上海文坛依然乌烟瘴气，等等。

❶ 对上一段鲁迅对上海态度的概括总结，反映出鲁迅对上海的印象极差。

① 这些文字，涉及气候、环境、文坛、人性等各个方面，基本构成了鲁迅关于上海的判词全貌，其使用贬义词范围之广、用力之狠、打击面之大，放之鲁迅生活过的任一城市，均无可与比拟者。当然，应当说，鲁迅对于上海的微词，并不专门针对上海本地人，这一点，他还是有客观的分析："其实

上海本地人倒并不坏的，只是各处的坏种，都跑到上海来作恶，所以上海便成为下流之地了。"（致萧军、萧红）同时，鲁迅对上海之微词，扩大而言，实为对中国现实之批判，上海不过是其顺手拈来的一份材料和标本而已。

① 在长达九年的时间中，是否定居上海，鲁迅的态度一直游移不定，举其要者有："或者要离开上海也难说"（1927年11月）；"尚拟暂住"（1927年12月）；"究竟是否久在上海，说不定"（1928年2月）；"我是否专住上海，殊不可知"（1929年9月）；"不久或将不能更居上海矣"（1930年5月）；"此后仍寓上海，抑归北平，尚毫无头绪"（1932年2月）；"没有打算到别处去"（1933年3月）；"暂时仍在上海"（1934年6月）；"时时想离开上海"（1935年2月）；"想离开上海三个月"（1936年7月）；等等。

由此可见，从景云里到大陆新村，鲁迅始终没有坚定在上海定居的决心，一直谋划着离开上海。

② 如果离开上海，鲁迅能去哪里呢？从团聚的角度讲，当然首选北京。

鲁迅身在南方，却时常心怀北方，特别是1932

❶ 对本段的概括总结，总写鲁迅对是否定居上海的态度举棋不定，段中"尚拟暂住""暂时仍在上海""想离开上海三个月"等词语，也详细说明了鲁迅的态度。

❷ 作者自问自答，运用设问，首先启发读者思考，紧接着便揭晓答案，使读者明白其义。

年"一·二八"事变后，鲁迅想迁往北京居住的愿望非常强烈："倘旧寓终成灰烬，则拟挈眷北上，不复居沪上矣。"（3月2日致许寿裳）由于旧寓并没有化为灰烬，同时"北平亦无噉饭处"，加之路费昂贵，所以，鲁迅仍居上海。1932年11月，鲁迅赴京探母，在写给许广平的信中，尽显对北京的留恋与赞美："北平似一切如旧，西三条亦一切如旧，我仍坐在靠壁之桌前。"① "此地人士，似尚存友情，故颇欢畅，殊不似上海文人之反脸不相识也。"到了1934年，鲁迅明确表示："中国乡村和小城市，现在恐无可去之处，我还是喜欢北京，单是那一个图书馆，就可以给我许多便利。"（12月18日致杨霁云）笔者认为，鲁迅之所以喜欢北京，除气候和人情因素之外，更重要的因素是亲情——那里有他的高堂老母，也有他亲自置办的四合院，这是构成"家"的核心。但北京同时还有鲁迅的原配朱安，以及反目的二弟，鲁迅是回不去的。

从转地疗养的角度讲，国外，鲁迅考虑过日本，地点最好是长崎。国内，鲁迅考虑过青岛、烟台、莫干山等地。但青岛地方小，容易为人认识，不相宜；

① 运用对比的修辞手法，使鲁迅对北京和上海的不同态度形成强烈对比，突出鲁迅对北京人士的喜爱，对上海的不满。

烟台每日气候变化太多，也不好；莫干山逼促一点，不如海岸之开旷。①鲁迅的结论是："倘在中国，实很难想出适当之处。"（1936年8月16日致沈雁冰）直到去世，鲁迅也没能想出适当的地方可供转地治疗。到了1936年8月底，鲁迅便放弃了这一想法："天气已经秋凉，反易伤风，今年的'转地疗养'恐怕'转'不成了。"（8月31日致沈雁冰）一言以蔽之："我一直没有离开上海，其实是为了不能离开医生。"（9月29日致曹白）

既然不能离开上海，哪怕换一个地方居住，也是鲁迅的愿望，但他开列的条件，一要租界，二要价廉，三要清静，"如此天堂，恐怕不容易找到，而且我又没有力气，动弹不得，所以也许到底不过是想想而已。"（10月6日致曹白）鲁迅甚至于10月11日携妻儿同往法租界看屋，直到去世的前一天，还在琢磨这件事："不如迁居，拟于谣言较少时再找房子耳。"（10月17日致曹靖华）搬家的愿望显得那么强烈。

从景云里到大陆新村的九年，鲁迅与上海一直若即若离，并没有在上海扎下根。这种感觉，他也

❶ 通过前文鲁迅对国内可考虑的地方的分析，否定可考虑的地方，最后推演出国内没有适合居住的地方，并进行总括。

透露给了萧军、萧红："你们目下不能工作，就是静不下，一个人离开故土，到一处生地方，还不发生关系，就是还没有在这土里下根，很容易有这一种情境。"（1934年12月6日致萧军、萧红）所以，鲁迅与上海之间，始终存在一种紧张的对峙关系，仿佛是鲁迅之于他那个时代的隐喻。这使我想起了鲁迅逝世后，①林语堂在纽约所写《悼鲁迅》中的一段话："鲁迅与我相得者二次，疏离者二次，其即其离，皆出自然，非吾与鲁迅有轻轩于其间也。吾始终敬鲁迅；鲁迅顾我，我喜其相知，鲁迅弃我，我亦无悔。大凡以所见相左相同，而为离合之迹，绝无私人意气存焉。"

❶ 用林语堂的话再次佐证鲁迅与上海若即若离的关系，更加说明鲁迅内心的不安、想要离开上海的心。

绝无私人意气存焉。鲁迅是上海的一介过客，上海是鲁迅一直想离开却无法离开的暂寓之地。无论鲁迅与上海相得还是相离，上海都不以为忤，不动声色地以国际化大都市特有的弹性与兼容性，配合了流寓中的鲁迅。

延伸思考

1. 请写下鲁迅迁家过程。

_____

_____

2. 内山书店对于鲁迅来说是一个怎样的存在?

_____

_____

3. 请你简要说明鲁迅对上海的态度。

_____

_____

鲁迅的名片

名师导读

　　晚清时期名片的用途已经比较广泛了，然而鲁迅使用名片的频率并不高，本文不仅交代了鲁迅如何使用名片，而且也讲述了鲁迅对名片上印有头衔这一事件的看法，以及印有"周树人"三字的名片被钱玄同调侃后鲁迅幽默的回答。文章幽默风趣，且娓娓道来，使人更加了解文学巨匠——鲁迅。

　　鲁迅随教育部到北京后，于 1912 年 10 月 6 日下午往留黎厂购笺纸并订印名片。四天之后的双十节即国庆日，名刺就做成了："上午同许铭伯、季市、诗荃、诗苓至留黎厂观共和经念会，但有数彩坊，

① 而人多如蚁子，不可久驻，遂出。予取名刺，并以二元《前后汉纪》一部而归。"后来也委托孙伏园代印过名刺："下午得伏园信并代印名刺百枚。"（1923 年 5 月 25 日）

② 晚清民国时期，名片用途广泛，可用来通报个人信息、约见时间或复信。鲁迅处世沉默，甚至比较胆怯，使用名片的频率应该不是很高，但有时也用名片向熟人的门生、小厮通报身份。鲁迅在 1926 年 6 月 25 日的《马上日记》中记述说，他去访 L 君，在寓所前打门，打出一个小使来，说 L 君出去了，须得午饭时候才回家。"我说，也快到这个时候了，我在这里等一等罢。他说：不成！你贵姓呀？这使我很狼狈，路既这么远，走路又这么难，白走一遭，实在有些可惜。我想了十秒钟，便从衣袋里挖出一张名片来，叫他进去禀告太太，说有这么一个人，要在这里等一等，可以不？约有半刻钟，他出来了，结果是：也不成！先生要三点钟才回来哩，你三点钟再来罢。"这里的 L 君指刘复（半农）。③《鲁迅日记》1926 年 6 月 28 日有"访刘半农不值"的记录。1932 年 11 月 15 日，鲁迅去北京看望母亲，"访幼渔，

❶ 运用比喻的修辞手法，把人比作蚁子，说明人之多，蚁子是由蚁后所生，在蚁穴中数量占比极高。把人形容成蚁子一样多，表明人多到了密密麻麻的程度。

❷ 运用对比的修辞手法，把鲁迅使用名片的频率与晚清民国时期其他人使用名片的频率形成对比，突出鲁迅并不频繁进行社交的性格，同时也表明鲁迅的沉稳。

❸ 引经据典，引用《鲁迅日记》来佐证鲁迅名片的用途，使文章更加具有可信性，增强文章的真实性。

则不在家，投名片而出"。可见鲁迅的名片倒是有一部分用于熟人之间，意思是"来过，不遇"。

钱玄同和鲁迅因为名片上所印之字闹过别扭。钱玄同是动员鲁迅杀进文坛的一位朋友，"但既然有人起来了，你不能说绝没有打破这屋子的可能"。"五四"文化运动的落幕，让钱玄同越来越心灰意冷，就给自己起了个复古的"疑古玄同"四字名。他从封建社会的反叛者变成了每日逗鸟养花的"自然主义爱好者"。1929年6月，鲁迅北上，偶遇钱玄同。两人同去拜访章太炎，为一句话争到面红耳赤。后来钱玄同去拜访鲁迅，看到鲁迅的桌上放着"周树人"的名片，便问道："你又用这三个字的名字了？""我从不用四个字的名字。"鲁迅梗着脖子回答道。钱玄同拎起皮包便走，气哼哼地走了几条街才想起连外衫也没拿。

1927年鲁迅去香港演说时，随身是带着名片的，在《再谈香港》一文中有所提及。香港被鲁迅视为"畏途"。当时英国雇用的中国同胞上船"查关"，非骂则打，或者要几块钱。他有十只书箱在统舱里，六只书箱和衣箱在房舱里。① 查完统舱里的书箱，鲁迅便跑回房舱去。"果然，两位英属同胞早在那里等我了。床上的铺盖已经掀得稀乱，一个凳子躺在

❶ 鲁迅在匆忙跑回房舱之前便预料到房舱会被翻乱这一结果。

被铺上。我一进门，他们便搜我身上的皮夹。我以为意在看看名刺，可以知道姓名。然而并不看名刺，只将里面的两张十元钞票一看，便交还我了。还嘱咐我好好拿着，仿佛很怕我遗失似的。"

鲁迅讨厌在名片上开列头衔。如1913年5月18日，鲁迅在日记中写道："田多稼来，名刺上题'议员'，鄙倍可笑。"日本人的名刺，爱在上面罗列着许多头衔，鲁迅对此本已司空见惯。但因那时的议员享有特权，到处被优待，名刺上摆出，大约令见者亦必肃然，此种摆空架子的态度，是令鲁迅讨厌的，因此觉得"鄙倍可笑"。

鲁迅在北京使用的名片式样如何，未见实物。上海鲁迅纪念馆现藏六张"周树人"在上海使用过的名片，均为竖式，非常简约，只在中间印着"周树人"三个规整的楷书，显得内敛含蓄。同时，①名片上还有诸如"收到稿费一百元"之类的文字，甚至还有"附上语丝稿两种，又寄语堂信等一件，请转送为荷，此上小峰先生。六月一日"这样的短信。这几张外片，都是当年鲁迅领取稿费时，顺手写给北新书局的便条，由送信人带回复命，可视作收据。

❶ 详细描写现今留存下来的鲁迅名刺上具体书写的内容，名刺在当时也具有类似留信的作用，用于传达信息，也可以当作收据。

延伸思考

1. 文章的标题有什么作用?

_____

_____

2. 请简要概括文章尾段,阐述尾段主要讲了什么。

_____

_____

3. 文章倒数第二段在内容上有什么作用?

_____

_____

★参考答案★

第一辑　西魏的微笑

【西魏的微笑】

1. C

解析：A项主要考查学生对描写手法的把握情况，B项主要考查学生概括文章内容的能力，D项主要考查学生分析写作手法的能力，这三项的分析都符合文章内容，因此是正确的。C项中"文中讲述印度的佛、菩萨造像都是男性化，是为了突出佛教中国化后，无论是佛像女性化还是女性的地位在北方民族都普遍得以体现"这一说法是错误的，或者说强行建立因果关系。文中只是说"印度的佛、菩萨造像，都是男性，传入中土后，逐渐趋于女性化"，并没有说前者是为了突出后者，而且文章的倒数第二段中明确指出"佛像的女性化与其说是一个宗教学话题，不如说是一个民俗学话题……佛陀在浩大的看不见的民族审美心理结构的作用下，由男相而女相，从至高无上的神坛走向众生，渗透着世俗化的情感"。可见，佛教进入中国后逐渐趋向女性化体现的是佛教艺术理念逐渐走向平凡，只是从男性化转向女性化艺术实践变化过程而已。

2. ①句式灵活。长短句结合，节奏徐缓有致。②用词精当。"荡漾"一词形象生动地描绘出"微笑"带给麦积山和游客的影响。③以此句作结，收束有力，呼应前文，引人思考，升华主题。

解析：本题考查学生对句子的赏析能力。赏析句子的角度有：①看句式，如长句、短句、长短句结合、疑问句、反问句、设问句；②看修辞，是否采用了修辞手法；③看表现手法，是否采用了特殊的表现手法，比如烘托、反衬、白描、借景抒情等；④看词语，是否用了巧妙的词语；⑤看句子的作用，"我感到那股笑意从佛陀的曲眉丰颊间荡漾开来，由佛而人，由人而山，由山而树"这句话可以从长短句、词语和文章结尾的作用角度来分析，因此得到了答案。

3. ①从审美角度看，"微笑"是对西魏雕塑艺术具有很高成就的诠释。②从历史角度看，"微笑"是对乙弗氏为国献身的奉献精神的赞许。③从人伦角度看，"微笑"是武都王对母亲至孝之心的体现。④从价值观角度看，"微笑"是对佛像艺术理念从高贵走向平凡、从男性化转向女性化实践的认可。

解析：本题考查学生对标题的理解，一方面要指出标题的表面含义，另一方面要挖掘标题的深层含义，深层含义通常为某种精神、品质、情感、价值等。阅读文章，可以从第①、②

段提炼出，"微笑"是指西魏乙弗氏雕像的脸上的笑意，在阅读每个自然段时找到其深层含义。从第⑤段提炼出乙弗氏为国献身的精神；第⑥段讲乙弗氏的儿子武都王为了纪念母亲请水平最高的工匠打造的这尊雕像，提炼出孝心；第⑦、⑧段讲述这尊佛像是集技术、精神、思想、情感、先进理念于一体，是渭河流域最雍容华贵的一尊佛；第⑨段讲述"印度的佛、菩萨造像，都是男性，传入中土后，逐渐趋于女性化"，指出"麦积山石窟第四十四窟更是创立了西魏'美丽女佛'的无上典范"，提炼出这尊佛像对佛像艺术的价值。对捕获的信息进行整理即可得到"微笑"的深层含义。

【发现麦积山石窟】

1. 与前文"大佛右手作接引手势，文得权觉得这是佛祖在接见自己的儿子"相呼应，思路连贯、完整，使行文脉络更加清晰。

2. 标题"发现麦积山石窟"直接点明、概括文章内容，使读者对文章内容一目了然。交代文章所要描述的对象——麦积山石窟、发现麦积山石窟的人。

3. 一指冯国瑞，一指文得权，同时还有一个隐含的主体——众人，麦积山石窟等待众人的发现。

【向往一所乡村师范】

1.点明文章主要内容——向往一所乡村师范，引出下文作者与渭南师范之间的事情。

2.父亲勤劳、努力，为儿子不畏路途遥远，爱儿子。

3."向往一所乡村师范"，"向往"写出作者对这所乡村师范，即渭南师范学院的向往之情，乡村师范，点明了渭南师范的地理位置，渭南师范位于渭南镇。

【村庄上空的声音】

1.引出下文，对村庄上空声音的描写。设置悬念，埋下伏笔，为下文引出村庄上空的声音做铺垫。

2.运用拟人的修辞，村庄的"试探"、树木的"眺望"、树叶的"哈欠"无不刻画着村庄——一个生机勃勃的生机体，表达作者对村庄的声音的关注和对村庄的喜爱。

3.（1）声音是威严的，讲话人的语调威严。（2）广播是单向的，人们只可以听广播，却不可以跟广播交流。（3）广播有时又是轻歌曼舞的，不时传来流淌的歌声。

【一个人的饥饿史】

1.作者在文章中写他的饥饿是每天的那一个时段，作者认为那一个时段是短暂的，因此作者说"吃不饱只是暂时的"。

2."一个人"指的不仅仅是作者本人，饥饿是大的时代意识上的每一个人，"一个"泛指时代下的个体。"饥饿史"表明饥饿是一个长期的过程。

第二辑　一对陡然长出的耳朵

【一对陡然长出的耳朵】

1.把阿炳与贝多芬相提并论，意在突出阿炳在中国音乐史上的地位和影响；阿炳与贝多芬之间有很多相似之处。他们都遭受了命运之神的巨大打击，一个失明，一个失聪，但他们都具有超出常人的坚强意志，不向厄运屈服，都创作出不朽的音乐作品。

解析：贝多芬是维也纳古典乐派主要代表之一，其音乐作品对世界音乐的发展产生了深远的影响，被世人尊为"乐圣"，作者将阿炳与之相提并论，其目的肯定是突出阿炳对中国音乐的影响及其重要地位。两者的相似之处也很容易找到，可以从生理缺陷、性格特点和音乐造诣方面来概括。

2. 司马迁遭宫刑之辱，仍忍辱负重，笔耕不辍，创作了被誉为"史家之绝唱，无韵之离骚"的《史记》；奥斯特洛夫斯基，双目失明，还创作出了激励后人的长篇小说《钢铁是怎样炼成的》。他们的光辉事迹告诉我们：人的生命虽然短暂，并且可能还会遭受许多挫折，但只要对生活和事业有火一样的热情，有钢一般的意志，人的生命才会更加璀璨夺目。人不管是在顺境或逆境中，都应该努力追求，以创造出更大的人生价值。

解析：此题考查学生对句子和题目的理解能力。画线句子的意思是生命遭受了寒冰般的打击，事业上却有火一样的成就的人更能体会到生命的本质，能够超然物外。所以答案是肯定的。然后再列举两个生命遭受了摧残但有很高成就的名人作为例子，并且简单讲述一下其经历即可。

3. 阿炳的坎坷人生和悲惨境遇，是旧社会劳苦大众的一幅缩影。阿炳坚强不屈的品格，表现了一种民族的气度和精神，令人佩服。阿炳的《二泉映月》在一定程度上反映了人民的内心世界和精神风貌，透露出一种来自底层人民的健康而深沉的气息。从中，我们似乎可以听见杜甫诗歌中那忧国忧民的叹息，李白诗歌中《蜀道难》之感慨，屈原诗词中那怒不可遏的呼喊声。

解析：题干中"《二泉映月》所蕴含的感情""结合作品

创作的背景"这两个地方实际上起着提示性的作用，要解答此题就必须结合阿炳的人生经历和悲惨境遇，因为这是《二泉映月》的创作背景，而作品在表现作者心境的同时，也能够勾起听众的情感共鸣，能够与阿炳产生情感共鸣的必然是劳苦大众，所以阿炳其实就是劳苦大众的一个缩影。然后再从文章里提炼阿炳的性格、情感、情怀等，比如忧国忧民、民族精神等。

【书　房】

1.（1）"病入膏肓"是病情已经严重到了无法救治的地步，这里用来形容"我"的书房妄想症已经到了不可救治的地步，突出了"我"对理想书房的向往之情，同时也展现了幽默、诙谐的语言风格。

（2）"雍容大度"是文雅、有风度的意思，这里用来形容大院中的蝴蝶式橱柜，使橱柜人格化，生动形象地写出了这些橱柜的雅致和院子里的幽静，"匹配"是等同的意思，说橱柜与《四库全书》的价值等同，体现了作者对这些橱柜的喜爱之情。

2. "书房是读书人安顿灵魂的地方"，突出了书房对于读书人的重要性，为下文写"我"向往理想的书房的内容做铺垫。

【耳朵里的爱情】

1. 概括文章主要内容，文章主要写的是"我"数次听说的这段爱情。点明主旨，耳朵里听到的这段爱情。标题新颖，吸引读者，能够引起读者的阅读兴趣。

2. 三个句子形成排比，增强句子的气势，形象地描绘出一个"如知己般"的他，同时也写出他对"我"的欣赏和依赖。

3. 过渡，承上启下，承接上文他所说的自己爱情故事的凄婉使他叹息，引起下一段他的如同释然却又不舍的神态。

第三辑　寻常巷陌

【城之南，河之滨】

1. 运用对比的修辞手法，与之前水多时作比较，突出现在河段的干枯，如同古河道一般。

解析：本题考查的是学生对文章引用诗句、名言等的赏析能力。结合第四段关于引用《藉河新堤记》的语句的前后文分析，可知，引用"其两涯畦圃罗列，沟浍相望，运春磨，灌菘韭，为利滋大"一句，是为了与之前水多时作比较，突出现在河段的干枯，如同古河道一般。

2.（1）首先，运用了比喻的修辞手法，将藉河比作一条小小的尾巴，生动形象地写出了相对于渭河来说，藉河之渺小。而后，运用拟人的修辞手法，将藉河拟人化，"盈缩与共""执手偕老"生动形象地写出了藉河与渭河关系的和谐。

解析：本题考查的是学生对句子的赏析能力。通过对"像渭河的一条小小的尾巴"一句的分析，可知本句运用了比喻的修辞手法，将藉河比作小小的尾巴，将藉河的渺小描绘得生动且形象；同时，作者又将藉河拟人化，"和渭河盈缩与共、执手偕老"，更是写出了藉河与渭河的关系。

（2）通过借用里尔克的话和比喻的修辞手法，表明天气的炎热。把屋子比作一个"铁蒸笼"，写天上像有九个太阳，都写出了天气之炎热。

解析：本题考查学生对句子的赏析能力。通过对"那是一间用铁皮做成的房间，像一个铁蒸笼"一句的分析，可知本句运用了比喻的修辞，将屋子比作了一个"铁蒸笼"，写天上像有九个太阳，都写出了天气之炎热。同时，引用里尔克的话，"夏天盛极一时"，再次强调天气炎热，导致藉河干涸了。

（3）用诗句来描述杨柳楼台与清水白沙之处的景色，写在这里诗人所感受到的山水之间的乐趣。增加文章的文学性，营造了清幽的意境。

解析：本题考查的也是学生对句子的赏析能力。本句可看出，作者连续引用了清宋琬的"碧云草色合，素练波光明"和冯国瑞的"一亭结构奇，辇石覆古井。清溪浣纱人，绿杨蝉鬟影"，描绘了杨柳楼台与清水白沙之处的景色，营造了清幽的意境，同时增加文章的文学性。

【秦州背影】

1. 写西关居住的人和环境，写秦地美食。

2. 作者通过对西关人家的描写，来怀念古秦州，产生时间流逝的沧桑感"抵十年尘梦"。同时通过对小吃的描写，表达作者对秦州美食的喜爱。

3. 使用小标题使众多材料分门别类进行组织，从不同方面、不同角度来展示材料，使行文条理清楚，易于读者理解文章结构。文中主要内容被两个小标题概括出来了——西关人家、食客三千。

【西关有瓦当】

1. 第十自然段和第十一自然段分别写了西方和东方的房屋的不同，两种房屋屋顶的不同从背后体现出文化底蕴的不同。

2. 引出下文，通过发问，引出下文对下雨时的场景描写。

3. 折桂巷虽然随着现代化会消失，可是折桂巷存在时，下过雨，雨定格在那一刻，留存在瓦当里。

【共和巷的下午】

1. 因为冯国瑞先生的故居在共和巷 33 号院，所以作者有机会去了解共和巷。

2. 引用周作人的话，增加文章知名度。周作人的话，正好与文章内容相契合，都写到了美食的重要作用和美食的不可或缺。

3. 引用李清照的诗句，增加文章文学性，吸引读者，引起读者的阅读兴趣。写小院纯色，厚重没有卷起的帘子、安放的瑶琴，给人一种安然、闲适、放松的感觉。

【安远镇】

1. 安远的铁匠、安远的地势地貌、安远的军事色彩。

2. 在结构上与前文第四段相呼应，前后呼应，使文章具有整体性，在内容上，前后都写到安远人王老师，使人感受到安远的淳朴民风。

3. 交代文章描写的对象——安远古镇。引起读者的阅读兴趣和对安远的好奇。与文章内容相呼应，点明文章中心。

第四辑　鲁迅的别样风景

【民　工】

1.（1）运用了比喻的修辞手法，把农民工比作知更鸟，生动地展现了农民勤劳善良，农民工为了生存和生活不断等待、迁徙的命运，以及被多数城里人看不起的特点，表达了作者对农民工勤劳善良的赞美和深深的同情。

解析：本题考查学生对句子的赏析能力，这句话采用了比喻的修辞，因此从比喻的角度来分析即可。知更鸟要不断迁徙，是鸟儿中每天起得最早的鸟类，象征着善良、天真，所以要从这些角度来理解。再结合"运用了比喻的修辞手法，把 A 比作 B，生动形象地写出了 A 的什么特点，体现或表达了……"按照这一答题思路作答即可。

（2）"拨拉"是反复拨动、抚摸的意思，这里指农民工在与城里人商讨工钱时唯一能够琢磨的就是自己的力气能够干多少活，并以此为资本努力提高薪酬的内心计算，说明农民工除了力气之外没有别的挣钱方式，既体现了他们的艰辛，又体现了他们的小聪明形象，反映了作者对农民工逐步理解的心理。

解析： 本题考查的依旧是句子赏析能力，但与上一题不同的是，本题主要从"拨拉"这个词入手来分析农民工的情况。农民工与人商讨工钱过程的厚道与狡黠，并且说他们拨拉心里的算盘实际上就是拨拉自己的力气，言外之意是农民工除了力气，没有别的挣钱方式，所以他们挣的都是辛苦钱。

2. 文章采用了欲扬先抑的手法，先写农民工没有礼貌、不文明和斤斤计较的行为举止，然后写农民工勤勤恳恳、卖力干活的样子，并且指出农民工的行为背后是为了让自己在这强大的城市中获得生存下去的勇气，故意给自己壮胆，体现了农民工在城市中艰难的处境，表达了作者对农民工的理解。

解析： 本题考查的是欲扬先抑的知识点。所谓欲扬先抑就是为了表扬某人而先写某人不好的表现，或者作者对其不好的印象、态度，然后再揭示真相，突出写作对象的正面形象，表达作者的情感，其主要特征就是作者的情感转变。本文正是如此，结合文章内容作答即可。

3. 文章中的农民工虽然有一些不被人喜欢的举止，但不能否定他们勤劳的品质和对城市建设的贡献，可见凡事都有两面性，我们要学会科学看待人或事物，不要以偏概全。

解析： 本题考查的是学生对文中人物形象的科学把握和思

想启发。所以，本题答案包括两个方面，第一结合文章内容，也就是答案中必须提到"文中……"；第二联系实际生活谈启示，也就是要说明"我们应该怎样做……"。很多学生在答题时容易忘记去点文中的内容，这很容易丢分。

【八道湾11号】

1.不能，第三段在文中起承上启下的作用，承接了上文作者寻找难觅的11号院，引起了下文对周氏（周树人、周作人）兄弟在北京的府第的介绍。使文章行文连贯，逻辑有序，便于读者厘清行文脉络。故不能删去。

2.标题点明了故事发生的地点，为下文引出周氏两兄弟之间的失和及交往做铺垫，吸引读者，引起读者阅读兴趣。

3.本文主要写了八道湾11号的环境，以及发生在八道湾11号的周氏两兄弟之间的故事，揭示了名人秘事。

【鲁迅的别样风景】

1.鲁迅在文学、绘画、音乐上的成就。

2.鲁迅发表了现代文学史上的第一篇白话短篇小说《狂人日记》，写有《呐喊》《彷徨》《故事新编》等小说集，散文诗集《野草》，还有《朝花夕拾》等20多部散文集。

3. 京剧表演时过于热闹的场面，使鲁迅难以忍受，且鲁迅认为京剧无法与现代生活融合。

【鲁迅的另类宠物】

1. 章衣萍探"老虎尾巴"：鲁迅痛骂梁实秋是资本家的走狗。

2. 审丑。

3. 把鲁迅比作"即将爆发的地层下的岩浆"，生动形象地写出了鲁迅内心的炽热和即将喷涌而出的强悍爆发力。

【鲁迅三迁】

1. 景云里；四川北路拉摩斯公寓A3楼4号；大陆新村9号。

2. 内山书店是鲁迅的公共书房、接待室、授课室、收发室、避难处，是其生活、写作、社交的总策源地，对鲁迅来说意义重大。

3. 鲁迅觉得上海是一个便利的地方，然而上海人、上海文人却以利为重、颇为市侩。

【鲁迅的名片】

1. 点明文章主要内容——鲁迅的名片。吸引读者，引起读者阅读兴趣。

2. 文章尾段主要写鲁迅是如何使用他的名片的。

3. 写日本人在名片之前表明官职，以使别人尊敬他，与尾段鲁迅的名片形成对比，突出鲁迅务实的品格。

— 中高考热点作家 —

中考热点作家

序　号	作　者	作　品
1	蒋建伟	水墨色的麦浪
2	刘成章	安塞腰鼓
3	彭　程	招　手
4	秦　岭	从时光里归来
5	沈俊峰	让时光朴素
6	杜卫东	明天不封阳台
7	王若冰	山水课
8	杨文丰	自然课堂——科学视角与绿色之美
9	张行健	阳光切入麦穗
10	张庆和	峭壁上，那棵酸枣树

高考热点作家

序　号	作　者	作　品
1	王剑冰	绝版的周庄
2	高亚平	躲在季节里的村庄
3	乔忠延	春色第一枝
4	王必胜	写好你心中的风景
5	薛林荣	西魏的微笑
6	杨海蒂	北面山河
7	杨献平	人生如梦，有爱同行
8	朱　鸿	辋川尚静